働く人が知っておきたい

ビジネス倫理
BUSINESS ETHICS

齊藤 聡【著】

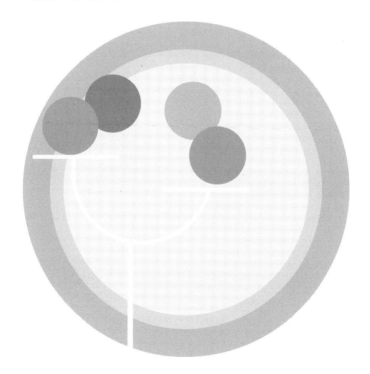

はじめに

　企業は人で決まります。大きなトラブルを起こすと、今まで積み上げてきた信用が一瞬でなくなります。ビジネス倫理を経営に取り入れ、企業は成長し続けなければいけません。これからの日本企業の成長には、従来と異なる人事手法が求められています。従業員に新しい感覚で、会社に参加してもらう経営スタイルが望まれます。

　商品やサービスに大きく付加価値を付け、自信を持って販売できる経営が必要なのです。同一商品を大量製造することや単純な組み立てでの製造は、人口や資源に勝る国々に価格では勝てません。独自の技術を大切にして、少量でも利益が上げられる体制を構築する必要があります。

　ここで大きな問題として挙げられるのは、他国に真似できない折角の日本の独自技術が、数年で陳腐化していることです。例えば、ノーベル賞を受賞したLEDや強力なネオジム磁石等は、日本の誇る画期的な基礎技術の特許です。もっと大きな利益を上げられたはずです。それが今では100円ショップで売られています。デジカメの日本製品の世界シェアは90％を超えており、その性能は素晴らしいものです。でも、1万円以下で買えます。

　結果論になりますが、価格設定とその後の競争戦略が間違っているのです。自信を持って、適正価格で売るビジネス倫理を定着させなければいけません。企業は、安定して成長できる価格を維持し、利益の上がられる体制の経営が求められます。より広い見地から企業の経営を見直す必要があります。従業員全体の意識改革が、成長につながると思います。リニアモーターカーや炭素繊維を胴体に使った旅客機MRJ等は、日本の最先端技術を使った最たるものです。その他にも、液晶パネル製造で必須のフィルム

シートやパソコンのハードディスクの円盤等は、高い市場シェアを誇ります。まだ、たくさんあります。価格戦略を重視した組織に改革し、価格の意思決定の権限を従来とは変更する必要があります。

働きがいにも大きな変化が生じています。少し前までは、とにかく仕事があり、給料をもらえれば、何でも頑張る人たちが大勢いました。しかし今では若者を中心に、生きがいの感じ方が少し変わってきていることを日々学生に接する度感じます。若者をやる気にさせるには、金銭的な報酬のみでは難しくなっています。それ以外に目的があり、自らの成長が認められ、自主性を重んじてくれることを求めているのです。

換言すると、目的、成長、自主性があれば、報酬に関係なく懸命に働くということです。つまり、これからの企業人事のあり方として、そういった組織作りと、人の使い方が大切だということです。日本独自の技術やノウハウを安売りしないで、働きがいがある職場とつなぎ合わせることに成功している企業が、今後の日本の成長を支えると思います。

働きがいのある職場の創造は、簡単ではありません。従来型の年功序列にも、日本の生活習慣やライフスタイルにマッチした良いところがたくさんあるからです。現実に、従業員に、自由に活動でき自由に使える時間を設定し、その活動の中から生まれるアイデアや技術を製品に生かしている企業が成功しています。グーグルは労働時間の20%を自由に使って、自由な商品開発をさせています。また、NECや富士通も、採用した若者を直ちに海外に派遣することで、現地の習慣や文化を習得させ、それを新商品の開発に役立てています。初めから決められた仕事を命じるのではなく、成果は活動次第で後から出てくるという考え方です。やる気に満ちた若者がそれに応えてくれます。

思い切った経営戦略の転換が必要な時機にきているのです。全く新しい製品やサービスの開発も当然必要です。しかし、日本に既にある技術に新たな発想を加えた付加価値のある製品やサービスを開発することや、海外

の文化や習慣に合わせた既存製品の組み合わせでも十分に対応できます。技術力のある会社に、プラスアルファを考える経営が必要なのです。

　経営とは、人を使うことです。会社を存続させうる職場環境を整えるには、自社のビジネス倫理を確立させることが遠いようで近道です。ビジネス倫理を経営にプラスすることを考えましょう。

　本書の構成は、第1章では、ビジネス倫理を学ぶ上で、知っておいた方がよい知識を簡潔に説明します。具体的には、動機、リーダーシップ、心理学等の基礎的知識です。はじめに、企業に対してビジネス倫理上、世間が問題視している事例を参考に、倫理観とは、何なのかを考えます。また、ビジネス倫理を定着させるためには、その手段を考えなければなりません。人は動機により、行動に移します。人の心の動機についての知識を身に付けます。正しい価値観は、正しい動機から生まれます。企業内では、組織的に、正しい価値観の定着を進めますが、その時大切なものがリーダーシップです。そのリーダーシップの基礎を説明します。そして、ビジネス倫理が誤った方向に誘導されると、企業全体の価値が大きく下がります。間違った方向に誘導されないように、基礎的な心理学の法則を復習します。

　第2章では、ビジネス倫理について考えていきます。組織が発達し、その中で共通の価値観を持つことの意義について考えます。高度なビジネス倫理の定着には、コストと時間が掛かります。お金と結び付けて、そのバランス感覚を学びます。

　第3章では、ビジネス倫理を企業内に確立するためのステップを段階的に説明します。第4章では、倫理学を学ぶ上で非常に助けになる、現在の倫理的な考え方を考察していきます。事例を多数紹介しながら、正しい倫理観を探ります。

　第5章では、古代ギリシアの倫理学から近代までの倫理学の要点を簡潔に紹介します。ここでは、倫理学の基礎に触れていきたいと思います。非

常に薄くですが、2000年以上前から続いている学問で、いくら考えても解答がでないことに気が付くと思います。ビジネス倫理の本質は何なのか。正しい価値観・倫理観、または正義とは、誠実とは何か、という難しい問題のヒントになると思います。

　第6章では、生きることをテーマに、倫理を学ぶ上で役に立つ、いろいろな考え方を倫理の枠を広げて考えていきます。現在社会との関わりで知っておきたい項目を、簡潔に説明します。

　第7章では、これまでのまとめとして倫理観とこれからのビジネス倫理の方向と課題について簡単に説明しました。

　　ビジネス倫理の基礎を学びながら、倫理的に考える重要性を身に付けていただけたら幸いです。

もくじ

はじめに………i

第Ⅰ部　問題提起と基礎知識　　1

第1章　ビジネス倫理を学ぶ前に基礎知識を再考する ── 3
　1　マスコミとビジネス倫理……………………………………5
　2　動機づけとリーダーシップ…………………………………11
　3　マーケティング心理学、行動心理学………………………23

第Ⅱ部　現状認識と正義について　　31

第2章　現代のビジネス倫理 ────────── 33
　1　ビジネス倫理…………………………………………………34
　2　ビジネス倫理の理論…………………………………………42
　3　倫理観を理解するための発展理論…………………………60

第Ⅲ部　倫理行動規範の作成　　69

第3章　ビジネス倫理推進の流れ ───────── 71
　1　「倫理観を基にした経営実践計画」の推進 ………………72
　2　現状の実態を客観的に認識する……………………………73
　3　社長の経営理念を周知徹底する……………………………81
　4　一貫した倫理基準を作成し、倫理的行動規範を整備する ……86
　5　意思疎通を行う仕組みを作り、組織に参画する風土を作る ……100
　6　教育制度、支援制度を作る…………………………………104

7	定期的に見直し、監査し、評価する	130
8	修正と改善を常時行う	136

第4章　経済倫理 — 141
—倫理学を学ぶ上で助けになる、現在の倫理的な考え方を考察—

1	グローバル経営の倫理条件	142
2	マクロ組織論（組織理論）	145
3	ミクロ組織論（組織行動論）	147
4	心理学の実験	152
5	具体的な事例	166

第Ⅳ部　ステップアップの知識　175
—哲学の歴史と人が幸福になるための条件を学ぼう—

第5章　倫理学の歴史と基礎的な概念 — 177
1	倫理とは	178
2	倫理学の歴史と倫理学の基礎	180

第6章　まっすぐ生きる、幸福論 — 207
—現代社会との関わりで、ビジネス倫理上、知っておきたい項目—

1	倫理のあるべき論	208
2	メンタルヘルス	222
3	ビジネス倫理を広げる	243
4	自信を持つ：「クリエイティブなものに対する自信を持とう」	251

第7章　まとめ — 259
—おわりにあたって—

1	倫理観の創造	260
2	これからのビジネス倫理の方向と課題	265

あとがき……267
参考文献……269
索　　引……271

第 I 部
問題提起と基礎知識

第1章
ビジネス倫理を学ぶ前に基礎知識を再考する

いくつかの事例を見ながら、企業内の価値観を一定レベルに上げる必要性を理解しましょう。また、経営理念に基づいたビジネス倫理がかたまっている企業は、ビジネス倫理の欠如による問題が仮に起きても、早期に発見され、解決に向かう仕組みができていると認識しましょう。そして、倫理観は、文化、習慣、風習、国、地域、人種、宗教等により、大きく異なり、画一的なものではないことも理解しておく必要があります。

　倫理観は心の中の問題です。心の中は外から見ることができません。人の心は動機によって方向性が決まり、行動に移していきます。また、組織体では、人々を一定方向に誘導します。そこに、リーダーが存在し、リーダーシップを求められます。倫理観は心の問題ですが、リーダーによって一定方向に揃っていくのです。この動機とリーダーシップは、とても重要なので、はじめにその概要を知っておく必要があります。間違ったリーダーシップが行われ、誤った方向に誘導されると、多数の人に被害を与え、組織体が崩壊してしまうからです。

　心理学の基礎知識も間違った方向に誘導されることを避けることができます。これら、前提となる基礎的な知識を習得後、ビジネス倫理の構築の手法を説明したいと思います。

1 マスコミとビジネス倫理

　ビジネス倫理について、実際に起きている事例を使いながら、その難しさを見ていきましょう。どの事例もマスコミで大きく取り上げられ、それぞれの企業の対応を評価しています。しかし、何が正しい行動かの判断は、とても難しい問題だと気がつきます。

> **事例1**　「ゼンショーの深夜労働問題」
>
> 　「ゼンショーホールディングスは、傘下の牛丼チェーン「すき家」における労働環境改善に向け設置した第三者委員会が「ワンオペ」と呼ばれる深夜の1人勤務を中止するよう提言したことを受け、複数店員が確保できない店舗を一時的に営業休止としていた。営業休止は総店舗1,980店のうち約6割に当たる1,254店舗で、午前0時～5時の深夜営業を中止しました。
> 　その後ゼンショーホールディングスは人手の確保などにめどがついた店から順次、深夜営業を再開していきました。」

　上記の事例は、ゼンショーホールディングス傘下の牛丼チェーン「すき家」で、過重労働問題が発生し、24時間営業を休止していたのですが、設備の効率化や人材の確保で、再開することになったというものです。これをビジネス倫理の問題として考えると、いろいろな側面から見ることができきます。
　まず、正しいことは何なのかを考えます。法律では、最低賃金、労働時間、時間外労働の制限等が決められていますが、ゼンショー（東証一部の上場会社）は、これらの法律的な問題はすべてクリアしています。つまり

法的には問題がなく、正しい行為であるといえます。一方、一人で深夜の店を切り回すことは非常に大変で、過酷な労働環境であることは推定できます。しかし、そのように考えるのは、あくまでも夜間労働を一人で行うことを強制された場合です。人によっては夜間の割り増し賃金と夜間の空いた時間で働けるという時間的なメリットから、その労働条件を希望して、むしろ積極的に受け入れて労働している人もいると考えることもできるのです。つまり、労働者は深夜に働ける場所を喪失したともいえるのです。違法行為でない以上、この問題を過重労働問題として捉えること自体が問題ともいえます。

　今度は企業の経営側から見てみます。すき家では、牛丼を中心に、極めて安価で、質のよい商品とサービスを提供したいと考え、このような状況を実践してきました。しかし、過重労働問題として捉えられると、この状況を継続することはしないでしょう。なぜなら企業全体のイメージを悪くして他の商売にも影響を与えてしまいかねないからです。したがって、この状況を改善するための設備投資を行い、深夜の店舗において一人での運用が可能なようにしたり、複数の授業員を配置するようにしました。しかし、この設備投資や人材投資の資金は誰が負担するのでしょうか。それは当然、商品価格に上乗せされます。事実、牛丼の価格が値上げされることになりました。つまり、消費者に影響が出たと考えられます。消費者は、深夜営業のサービス改善の負担を商品購入価格の一部として負担することになります。そして、労働者の仕事場は回復することになり、労働条件は確実に向上しました。

　この問題をビジネス倫理として考えます。まず、社会が許容する労働環境を超えた厳しい労働環境とは、どのような労働環境でしょうか。この事例では少なくとも法律違反はしていません。複数のマスコミが、同社の労働環境が標準以下で過酷であると考えたために記事になったのです。経営陣は、この記事に直ちに反応し、深夜の営業を休止し、改善後に再開しま

した。この改善は非常に有意義で素晴らしいことで、経営者の英断といえます。しかし、実態としては、企業は法律を守っている中での出来事で、こうした対応はマスコミに誘導されたと考えることもできるのです。要するに、ビジネス倫理はバランスの問題です。善悪の判断を、一時的な感情や与論に流されることなく、正確に現状を把握して、決断することが求められるのです。仮に、再開さない場合は、深夜に働きたい労働者から、仕事を奪ったことになることにも注意が必要です。どちらか一方が正義で、もう一方が悪という構図ではないのです。現実社会は大変複雑なのです。

　ビジネス倫理とは、明確な解答がない中で、その時の経済環境、社会環境等を考慮しながら、最善と思われる決断をするための価値観を身に付けることが大切なのです。

事例2　「ユニクロの製造現場の労働環境」

　「ある海外のNGO団体が、ユニクロなどを世界で展開するファーストリテイリングに対して、ユニクロ製品を製造している中国の2つの工場について、その劣悪な労働環境を告発し、ファーストリテイリングに対しても改善に協力するように求めました。

　ファーストリテイリングは、この報告書を受け、すぐに2工場に対する調査を行い、指摘された長時間労働などいくつかの問題点について事実であることを確認しました。その上で、この2社に対して問題点を早急に是正するよう強く要請するとともに、改善の実現に向けて全面的な協力を行っていくとしました。」

　この事例の中国の工場の労働環境は過酷なことは間違いないようです。中国における法律でも違反に限りなく近いといえます。この2社が非難され、マスコミに取り上げられることは、社会的に必要なことと思います。

しかし、ユニクロは、この2社に製品の製造を依頼し、購入している会社です。この2社との間に資本関係や人的関係はありません。この2社は、中国の法律に基づいて設立された中国資本の中国人の会社です。それなのにも関わらず、日本の法人であるファーストリテイリングに対して改善を求めることは、どういう意味があるのでしょう。ファーストリテイリングは、製造に対する指導や、原料の糸や布といった商品に関する指定はしていますが、2つの工場に対する人事や設備に対してどこまで口出しできるのでしょうか。ユニクロは、購入価格を引き上げ、製造会社により大きな利益を確保させることで、中国メーカーの労働者の賃金を上げる手助けをする必要があるのでしょうか。

ユニクロの商品は、製造価格を安価に抑えるために中国企業に生産を委託しています。それで実現した商品は、品質がよく、低価格におさえることで、世界市場で販売しています。仮に、労働条件の改善のコストを負担することになれば製品の価格が上昇します。そして、その負担は消費者に回ってきます。中国は、一般的にフェアトレード（発展途上国や最貧国から、適正価格で購入することで、現地の雇用を促進し、労働環境を支援すること）の対象国ではありません。さらに中国は、米国に次ぐ世界第2位の経済大国です。また、中国での人件費が高騰すると、より人件費が安価な東南アジアの国々（例えばベトナムやミャンマー等）に、製造委託先を移すことになるかもしれません。そうなると、結果的に中国人から仕事を奪ったことになります。

ビジネス倫理の問題と捉えると、海外の仕入先の労働環境の改善に協力すると表明したファーストリテイリングは、とてもよい経営判断といえます。しかし、現実的にはどこまで責任があるのでしょうか。これは難しい問題です。資本関係のない海外法人の経営に対して、親会社でもないのに、細かい口出しをすることはできないと思います。製造された商品に対しては、品質、納入時期、価格等さまざまな注文を付けることはできますが、

その製造過程に支援することはあっても、労働者の賃金や労働時間まで注文を付けることは通常考えられません。ビジネス倫理の倫理観のバランスの難しさが、理解できると思います。1つの正解はないのです。その時の経済状況や取引量とその占める割合、文化、習慣等、いろいろなことを考慮しながら、最善策を模索する必要があります。

> **事例3　「赤福賞味期限偽装事件」**
>
> 「2007年、三重県伊勢市の和菓子屋赤福では、出荷の際余った餅を冷凍保存して、解凍した時点を製造年月日に偽装して出荷したり、売れ残った商品の製造日を偽装再出荷したりしたことが内部告発により明らかになりました。これは食品衛生法違反行為であり、三重県は行政処分として無期限営業禁止処分方針をとりました。このほかにも赤福では、原材料表示では使用した重量順に「砂糖、小豆、もち米」と表示すべきところを、「小豆、もち米、砂糖」と表示していたことが発覚しています。」

この事例では、①単純に製造年月日を偽装していたこと、②商品の売れ残りを再加工して販売し、そのために新たな日付を刻印していたこと、③原材料の使用量の順番を偽っていたこと（砂糖を1番にするとダイエットを気にする人に売れません）、などが問題とされ、これが内部告発により発覚しました。賞味期限とは、おいしく食べられる期限を任意に示したもので、それ自体は法律違反にはなりません。再利用による日付の更新や原材料表示の使用量の順番が違法行為ですが、どちらかいうと軽微な違法行為です。大きな問題は、「その日に製造したものだけを、新鮮な状態で販売しています。」という会社の宣伝文句がすべて偽りで、消費者をだましていたことが問題です。これは法律でない、企業の倫理観が消費者に問わ

れていることを認識してください。

　消費者は、だまされたと気がつくと、ほかのすべてのことを否定的に考えます。伝統ある和菓子の赤福ですが、これが大きなイメージダウンにつながり、売上を大きく落としました。一度落ちたイメージは簡単には回復しません。このときの経営陣の会見を見ても、考えの甘さが伝わってくるものでした。偽装の製造工程が常態化し、おかしいと感じなくなっていたのです。また企業のチェック機能も存在しませんでした。当日中に製造、販売ができなくなるほどに企業が大きくなったとき、経営陣主導で方針転換を消費者にその説明すべきでした。遠隔地の販売については、冷凍などの手段により、味を落とさないで長期保存が可能なことをアピールすれば、大きな社会問題にならなかったはずです。その後、経営を一新し、回復基調にあります。商品も、以前に増してみずみずしくておいしいと、いわれるようになりました。

2 動機づけとリーダーシップ

　過去の哲学者たちの業績は素晴らしく、紀元前230年以前のソクラテスから人の心についての問題をさまざまな角度から取り上げています。倫理行動を考えるとき、特に重要な概念は、動機づけ（モチベーション）とリーダーシップです。人の行動は動機で決まります。人の心を動かす要因は、その背後にある動機です。その動機が正義であれば、倫理的行動ができるようになります。また。リーダーシップは、正しい価値観を共有し、その動機を正しい方向に誘導していく力です。

　一方でリーダーシップは、誤った方向にも使えるので注意が必要です。例えば、カルト集団が起こす異常な行動は、間違った方向に誘導されてしまった結果です。動機づけ理論を、事実と関連させて正しく認識することで、間違った方向に向かうことを回避することができます。

　動機づけ理論をビジネス倫理の基礎知識として知っておきましょう。はじめに、重要な基本的な動機づけ理論を説明します。動機づけ理論は、人の心の中の問題なので、抽象的になりがちです。倫理的な行動は動機が大きな問題になります。外観上は同じでも、動機が不純では、倫理的な行為でなくなることもあります。逆に、倫理的な行動が、外観上は悲惨な結果を招くこともあります。ビジネス倫理を考えるとき、その人に行動を起こさせた動機を知ることは非常に重要です。企業経営全体に影響を与えます。その難しさと、その大切さを理解してください。

　次から、その理論を正しく理解し、人を正しい方向に導きくリーダーシップについて説明します。リーダーシップは、さまざまな方法を用いて人に動機づけさせ、行動を起こさせることです。正しいリーダーシップは、大きな成果を生みます。

(1) 動機づけ理論（Motivational Theory）

　動機づけ（モチベーション）とは、人に行動を起こさせ、方向づけ、さまざまな行動を統合する内的要因のことです。人は、心の中で必要性を感じている欲求を満たすために、体を動かす（される）のです。人は、まず目標を認識し、それを実現するために、方向づけたり、行動したりするのです。そこで、人は、「何によって動機づけられ」、「何によって行動する気持ちが高まるのか」を研究するようになりました。その理論が、動機づけ理論（モチベーション理論）と呼ばれます。

　モチベーション理論は、1950年代以降、広く研究が行われました。経営学の他の授業で学ぶ「マズローの欲求階層理論」「マクレガーのX理論・Y理論」「ハーズバーグの動機づけ衛生理論（二要因理論）」などが代表的なものです。これらの3つの理論はとても重要です。基本的に現在の動機づけ理論は、これらから発展してきています。各論ともに批判はありますが、普遍的な要素が多数含まれています。

　近年は、マクレランドの欲求理論、目標設定理論、強化理論、公平理論、期待理論などが代表的な理論です。動機づけには、目標管理がとても重要になります。目標管理は、企業の報酬制度の基になります。報酬は大切ですが、倫理行動を考えるときは、報酬以外の要素も重要になります。動機づけ理論は、「人は何によって動機づけられるのか」という動機内容に関する理論がはじまりとなります。その後、近年の理論は、「人はどうやって動機づけられるのか」という「動機づけの過程」を重視した理論が中心になってきました。リーダーシップにもかかわる部分で、重要なポイントです。

　動機づけの過程についての考え方として、マズローの欲求段階説では、人はまず生理的レベル、安全的、社会的、自尊的、自己達成的の順序で欲求を移していくとしていいます。倫理学では、文化や慣習により、この

順番が変わることがあります。正解は1つではないことを認識しておきましょう。

❶ マクレランドの欲求理論 (McClelland's Theory of Motivation：1976年)

マクレランドの欲求理論とは、アメリカの心理学者デイビッド・C・マクレランドが提唱したモチベーション理論です。作業場における従業員を例に、「達成動機・欲求」「権力動機・欲求」「親和動機・欲求」「回避動機・欲求」の4つの主要な動機・欲求が存在を説明しています。

1) 達成動機・欲求

標準的な仕事量に対して、達成し成功しようと努力することです。人は、「どうしても成功しなければいられない」という動機・欲求を、程度の差はありますが持っています。成功の報酬よりも、自身がそれを成し遂げたいという欲求から努力をするのです。「うまく、効率的にやりたいという欲望」のことを達成動機・欲求と呼んでいます。達成動機・欲求の高い人は、「より良い成績を上げたい」という願望が強い点に特徴があります。これは後に、コンピテンシー理論として、発展していきます。コンピテンシー理論とは、高い成果を生み出す人の特徴的な行動特性のことです。企業内では、人事制度に、仕事ができる社員、または成果を生み出している社員の行動志向・行動特性を指標として利用しています。

高い達成動機・欲求をもつ人は、個人的な進歩に最大の関心があるため、「何事も自分の手でやることを望み」、「中程度のリスクを好み」、「自分が行ったことの結果について迅速なフィードバックを欲しがる」などが共通点です。

2) 権力動機・欲求

他の人に、働きかけ、行動を起こさせたいという欲求のことです。

権力動機・欲求は、「他者に何らかのインパクトを与えたい」、「自らの影響力を行使して、コントロールしたい」という動機です。権力動機・欲求が強い人には、以下の特徴があります。

1. 責任を与えられることを楽しみと感じる。
2. 他者から働きかけられることを嫌い、他者を自分のコントロール下におきたがる。自分の決めた決定に従い、影響力を行使したがる。
3. 競争が激しく、地位や身分を重視する状況を好む。
4. 効率的な成果よりも、信望を得たり、他者に影響力を行使したりすることにこだわる

この動機は、誰しもが持っているものですが、その強弱は大きく、個性となります。リーダーシップにも関わってくるので、人事面で重要な項目です。正しいビジネス倫理観を備えて、かつ権力動機が強い人は、部下に正しい価値観が広がります。逆は大きな問題となり、経営に支障が出ます。

3）親和動機・欲求

友好的で、密接な、対人関係を結びたいという欲求です。人の性格はそれぞれ異なるので、他者との交友関係を作り上げることについて極めて積極的な人と、そうでない人がいます。強い親和動機・欲求をもつ人には、以下の特徴があります。

1. 他者からよく見てもらいたい、好かれたいという願望が強い。
2. 心理的な緊張状況には、一人では耐えられなくなる傾向がある。

4）回避動機・欲求

失敗や困難な状況を、できるだけ回避しようという欲求です。後で、心理面のところで学びますが、人は損や被害に対して大きく反応します。リスクに対する対応には、個人差が大きいですが、標準的な中庸

にいると安心感がわくことは事実です。

❷ 目標設定理論（Goal Setting Theory：1968年）

　目標設定理論とは、アメリカの心理学者ロックが提唱した「目標」という要因に着目して、モチベーションに及ぼす効果を探ることを目指した理論です。目標設定理論では、動機づけ（モチベーション）の違いは、目標設定の違いによってもたらされると考えます。実証事件で、以下の3項目の目標が成果を上げると確認されています。すでに経営学の古典ともいえるドラッガーが、仕事の管理を目標管理（MBO：Management by Objective）とすることで成果が上がることを説明しているその背景として、目標設定理論が使われます。日本の人事制度で、このMBOはよく使われています。

1）本人が納得している目標

　　企業の人事制度で、本人に数値目標を入れた形で目標を設定させ、その達成度合いをみることで、昇進や昇給の判断がなされます。本人が作成するので、当然納得しています。そして、結果をフィードバックすることで、さらに効果を高めます。目標設定にフィードバックが組み合わされた場合は、モチベーション効果はより高くなるのです。達成された成果は、一定期間ごとにフィードバックされ、目標達成に向けてのサポートが行われます。また、目標達成に向けての進捗度合いを明示されます。途中経過がフィードバックされると、改善効果が顕著に表れます。フィードバックはその回数よりも、早い時期にフィードバックを与えられる方が、遅い時期にフィードバックを与えられる場合に比べて最終的な業績は向上することが確認されています。

2）曖昧な目標よりは明確な目標

　　明確で具体性を持った目標は、曖昧な目標よりも高いモチベーション（動機づけ）効果を持ちます。「何の為の仕事なのか」、「その業務が

何の意味を持っているか」を明確にした場合と、何も知らされずに業務を遂行させた場合とでは、明らかに意味を明確にした場合の方が、人は高いモチベーションを持つことができます。更に、「精一杯努力して頑張れ」、「できるだけ多く生産しろ」というような抽象的であいまいな目標よりも、具体的に「月間目標100本販売する」などの数値目標を設定して、それを目指す方が、個人の意欲と行動が喚起されるのです。

3）難易度の低い目標よりは難易度の高い目標

　困難な目標の効果は大きいことが確認されています。実証事件では目標の困難度と個人のパフォーマンス水準は、比例することがわかっています。目標を実現する上で、「多くの工夫と努力を要する」、あるいは「短時間で達成しなくてはならない」、と困難度の高い目標を追求する人ほど、より高いパフォーマンスを上げるのです。結果的に、当然、仕事意欲も高いことになります。仕事の成果は、その内容と時間が関係します。パーキンソンの法則について説明します。この法則とは、人が仕事を遂行するときに、時間を無意識に調整することです。通常、最短の標準時間が設定されます。ところが、その仕事を実行するときに、標準時間以上の余分な時間が与えられると、人は与えられた全部の時間を無駄なく使うようになります。業務遂行のペースを無意識のうちに調整し、生産性の低い仕事になることが多いのです。困難度の高い目標の設定は、このパーキンソン法則の発生を抑えます。難しい課題に直面することによって、人は誰もが目標をクリアする為に、生産性を高めようとするのです。「高い目標」は、個人のパフォーマンス水準を高めます。しかし、設定した「高い目標」を、その個人が受け入れていなければなりません。難しく「高い目標」を設定しても、それを個人が受け入れなければ高い仕事意欲は生まれないのです。逆に、いかに難しい目標であっても、それを個人が受け入れれば、その

個人の仕事意欲やパフォーマンス水準は格段に向上するのです。はじめの1:「本人が納得している目標」とは、個人が受け入れていなければならないのです。

❸ 期待理論（Expectancy Theory：1964年）

期待理論とは、1964年にブルームによって提唱されたモチベーション理論です。この期待理論は、「動機づけの過程」に注目し、人がどうやって動機づけられるのかという部分に着目したものです。人間の行動は、目標・目的が明確で、その手段や戦略が判明し、達成した目標の成果が魅力的であれば、その目標に向かって動機づけされるのです。この期待理論は、目標から成果の期待（期待連鎖1）、戦略による目標の実現という期待（期待連鎖2）を、連鎖的に成立させることで、動機づけを実現できるという考え方です。この2段階の期待連鎖を実現するためには、成果を実現するのに必要充分な目標値の設定、魅力ある成果の設定、目標値を実現する戦略展開の3項目が必要となります。

❹ パス・ゴール理論（Path-goal theory of Leadership；1971年）

ビジネス倫理は、企業内の価値観を共有させ、正しい方向に誘導していくリーダーシップが重要になります。パス・ゴール理論は、期待理論のモチベーション（動機）の発生過程に注目して、リーダーシップ条件に適応させました。動機づけとリーダーシップを組み合わせているので、ビジネス倫理の定着を考える上でとても参考になります。

パス・ゴール理論とは、ハウスが提唱した「リーダーシップの本質は、メンバーが業務目標を達成するために、リーダーはどのような道筋を通ることがよいのかを示すことである」という考え方に基づく代表的なコンティンジェンシー理論のことです。このコンティンジェンシー理論とは、経営管理理論における考え方の1つで、組織構造というものはどのような環

境に置かれようと最適となるような形式が存在しないため、周囲の変化に応じて絶えず変化をさせつつ経営する必要があるという理論です。ビジネス倫理でも解答はありません。解答がない中で、最適な状態を探ることが大切なのです

　リーダーシップの本質は「メンバーが目標（ゴール）を達成するためには、リーダーはどのような道筋（パス）を通ればよいのかを示すことである」という考えに基づいています。つまり、「メンバーの目標達成を助けることは、リーダーの職務であり、目標達成に必要な方向性や支援を与えることはメンバーや組織の全体的な目標にかなう」ということになります。ハウスは、まずリーダーのリーダーシップ・スタイルを以下の4形態（指示型・支援型・参加型・達成型）に分類しました。

1）指示型リーダーシップ

　課題志向が高く、各メンバーに何を期待しているかをはっきり指示し、仕事のスケジュールを設定し、仕事の達成方法を具体的に指示する形態です。

2）支援型リーダーシップ

　相互信頼をベースに、メンバーのアイディアを尊重し、感情に配慮してニーズに気遣いを示す形態です。

3）参加型リーダーシップ

　決定を下す前にメンバーに相談し、彼らの提案を活用する形態です。

4）達成志向型リーダーシップ

　困難な目標を設定し、メンバーに全力を尽くすよう求める形態です。

　組織にはリーダーが必ず必要です。企業の組織は、組織を取り巻く状況を、組織の環境面と人材面に分けることができます。環境面には、業務・仕事内容の明確さ、経営責任体制（コーポレートガバナンス）やチーム組織（ライン、スタッフ等）といった「企業内組織」があります。人材面とは、

メンバーの自立性、経験、能力、資格といった「部下の個人的特性」があります。この２つの側面から、リーダーシップを分析します。リーダーの行動が、環境的な要因に対して適合しない場合（最低限の設備がない、規制が強すぎる、限定条件が多すぎる等）や、部下の特性と調和しない場合（リーダーや部下にあるべき最低限の素養がない・能力がない、部下の能力を引き出せない・信頼できない、部下の成功に嫉妬深い、チーム同士の連携ができないなど）には、リーダーシップは発揮できません。また、逆にリーダーの行動が条件に適合している場合に、リーダーシップが効率的に発揮できることが可能となります。リーダーは、目標達成までの道筋を指し示し、それが全体目標にかなう場合に、パス・ゴール理論では、モチベーション理論の中の期待理論が活用されているのです。これらの条件が欠けていても、すべて整っていない場合でも、成功させるリーダーが本当のリーダーですが、組織の力で足りない部分を補うことで成功に近づきます。

　モチベーションの期待理論は、「人や組織が動機づけられるためには、①魅力的な報酬　②明確な目標　③必要充分な戦略の３条件が必要である」とする考え方です。そして、それに続いて、④行動を起こす、⑤目標が実現する、⑥魅力的な報酬を得るという、一連の期待の連鎖が起こる事によって、モチベーションが発生する、という事です。

　この期待理論をパス・ゴール理論に適用すると、「環境条件に適合した、リーダーシップ行動パターンを実行ができているか」を確認することが必要になります。つまり、「目標を明確に示し、チームで共有できているか」、「目標実現の為の具体的な戦略を共有できているか」、「目標を実現する意義や、その成果がもたらす魅力を共有できているか」を判定すればよいとハウスは述べています。ビジネス倫理を組織内に定着させるためにも、この考え方はとても役に立ちます。しかし、目標や成果が、正しい正義感・価値観という形がないものなので、工夫が必要になります。

第Ⅰ部　問題提起と基礎知識

❺　間違ったリーダーシップの例

　誤った方向に導かれている場には、そのことに気が付く能力を備えておくべきです。間違ったリーダーは、自分が間違っていることに気が付いていないことが多いからです。その時のために、組織内に、誤った方向に気が付いたものがその内容を通報し、修正するための仕組みをあらかじめ構築しておく必要があります。政治には選挙が、企業には役員会や株主総会があり、第三者が監査する仕組みを備えています。ビジネス倫理は、心の中に作用させるもののため、表面化が遅れがちで、そのことに留意したルール作りが必要です。誤った方向に向かわないように、経営陣に直接アクセスできる倫理ホットラインや、その内部通報情報を第三者が検証する等の修正システムが考えられます。

　わかりやすい例をいくつか挙げてみていきましょう。

> **事例 1**　民主党政治（高速無償化の弊害、個別農家への補助金による農業改革の遅延）

　ここでの話は、ビジネス倫理を学ぶ上で大切なリーダーシップの事例としてのものであり、民主党の政治を非難するものではありません。民主党もよい政策を行っていたと思います。

　日本では、自民党に代わって 2009 年から民主党政権が政権を取りました。実に衆議院の 2/3 を確保する大勝でした。長らく続いた自民党政権の政治に、不満を持った有権者が選択したのです。しかし、結果的に間違ったリーダーシップが続き、政治の迷走が始まり、景気は悪化し、民主党は 2013 年の選挙で議席の 2/3 以上の議席を失う事になります。政治的なことをここで取り上げるつもりはないのですが、著者が考える明らかに間違った政策を挙げます。はじめに高速道路を一時的に無料にしたことです。この政策のため、地方の民間バス等の公共的な交通機関が大打撃を被り、20 数社のバス会社やフェリー会

社が倒産もしくは清算することとなりました。それによって過疎化が進み、地域の高齢者の足は消失し、それは今でもないままです。また、農業支援の名目で個別農家に補助金を支給しました。そのため、共同での大規模農家経営を進めていた政策が転換されることになりました。結果的に、農業部門の効率化が遅れ、大きな社会問題になっています。平均年齢が60歳を超える日本の農家の農業改革を止めてしまったのです。有権者の選択ですから、民主党だけに非があるわけではありません。多数決の持つ恐ろしさを認識してもらいたいのです。倫理観と多数の行動は、一致しないことを十分に認識しておきましょう。

事例2　東京電力の原子力安全対策

2011年3月11日に、東京電力の福島第一原子力発電所で発生した事故です。東日本大震災による地震動と津波の影響により、福島第一原子力発電所では原子炉が破損し炉心溶融に至る大惨事が発生しました。これは国際原子力事象評価尺度（INES）において最悪のレベル7（深刻な事故）に分類される事故となりました。

東京電力は、首都圏に電力を供給する地域独占企業で、事故前までは経営は非常に良好でした。毎年1兆円を超える設備投資が可能な資金力と優秀な人材を確保していました。賛否両論はあると思いますが、経営陣は経営責任を免れることはできません。特に、旧型の原子力発電機を継続使用することに対して、さまざまな研究者から地震対策構築の指摘を受けていたことや、発電機の製造元米GE社から受けた冷却装置への注意メッセージを軽く考えていた責任は重いです。間違ったリーダーシップが行われ、専門家の指摘を放置してしまったからです。経営者は、収益を上げるために、売上を伸ばすことと、コストを削減することをはじめに考えます。ビジネス倫理を優先すると、コス

トが掛ります。限られた資本、資源の中から、最善の経営をしなければならないのです。ここでもバランス感覚が必要なことが理解できると思います。同じ津波を受けても、他の原子力発電所は、放射能を遮断できています。問題は、経営者のリーダーシップにあります。リーダーの失敗は、数十万に及ぶ近隣住民に被害を広げました。大企業の場合は、経営の失敗の影響は大きく、より大きな視点から、先を見据えた経営判断が必要になります。その中で、ビジネス倫理の位置づけは、大きなものになります。

3 マーケティング心理学、行動心理学

　ビジネス倫理の構築は、正しい共通の価値観を持つという、心の内面に対して作用させる仕組み作りです。人の心を学ぶには心理学を学ぶことが近道です。経営学で学ぶマーケティングに役立つ心理学の基本について説明したいと思います。

　ビジネス倫理は、企業内の価値観をテーマにしているので、人の心の内面を知り、人の判断に影響を与えるもの、人の脳の動きやその判断による動機の形成、そして彼らの行動についての知識は非常に役立ちます。また、行動経済学や行動ファイナンスといわれる心理学と経済行動を結び付ける研究も、人の心の動きを知ることに役立ちます。行動経済学は、実際の人間による実験やその観察を重視し、人間がどのように選択・行動し、その結果どうなるかを探求する学問です。以下に心理学の典型的な法則について紹介します。

　① ハロー効果

　「ハロー効果（認知バイアス）」とは、ある1つの目立つ特徴を最初に認識すると、その他の構成要素まで、一番目立つ特徴に引っ張られて歪んで認識してしまうことです。例えば、新しいリーダーを見るとき、容姿がさわやかな雰囲気であれば、中身までもがさわやかで良い人だと思うのが「ハロー効果」です。初対面で、商品・サービスのよい面を伝えられれば、印象をよい方へとよせることができます。

　② 確証バイアス

　「確証バイアス」とは、ある対象を自分の先入観に基づいて判断してしまうことです。後で新たに入ってくる情報も、無意識のうちに先入観を「正しいものにする情報」だけを選択し拾ってしまい、先入観は間違っていなかったとする人間の性質のことです。例えば、「リー

ダーは積極的である」という先入観を持っている人が、新しいリーダーと対面したとします。そのリーダーがとても消極的な性格でも、「消極的」という情報は認識せず、僅かな積極的な言動から「積極的に活動する」という情報に変換してしまうのです。先入観が一度植え付けられると、そこから大きくイメージを変更するのは困難です。ユーザーとのファーストコンタクトは、この確認バイアスを意識して、慎重に対応します。

③　初頭効果と新近効果

「初頭効果」とは、最初に受けた印象はなかなか変わらず、また一番記憶に残ることです。次の「新近効果」とセットで覚えておきましょう。「新近効果」とは、初頭効果とは逆に、最後に見聞きしたものが一番印象に残りやすいことです。例えば、映画のラストシーンが、素晴らしい場合、最後に強烈に良い印象が残こります。それまでの過程がどうであったとしても、おおむね好意的に見られます。人は、周囲の影響を受けやすいのです。

④　同調効果と同調現象

「同調効果」「同調現象」とは、周囲の人間と同じ行動をしていると安心し、逆に自分1人だけが違う行動をしていると不安を覚えることをいいます。例えば、TVショッピングで、「薄毛の20代男性の8割が使用」とか、「ダイエットに成功した主婦の85%が使っている」と宣伝し、小さく「当社社内アンケートによる」と書かれていたとします。こうした商品をみると「みんなが使っているのだから大丈夫だろう」「すごい商品だろう」と思うのです。

⑤　社会的証明の原理

「社会的証明の原理」とは、他人の行動に、自身の行動がつられてしまう性質をいいます。ファイスブックの「いいね」や、有名芸能人のブログで、有名人がある商品を使っていることでその商品がよいも

のと認識してしまうことです。

⑥　単純接触効果

「単純接触効果」とは、どんな理由でも接触する機会が増えると、その接触した相手に対して好意を持ちやすくなることをいいます。ネット広告で、一度検索したものが繰り返し画面上に広告として掲載されることがあります。Webマーケティングのリターゲティング広告です。商品やサービスを、繰り返しユーザーの目に触れるようにすることで接触回数を増やし、好意を高める手法です。店舗でも、デパートのエスカレータや階段の踊場に、売りたい商品を繰り返しディスプレイすることで、その商品に好意を持たせる手法はよく使われています。

⑦　気分一致効果

「気分一致効果」とは、人はその時の気分によって、取り入れる情報の種類が変わることをいいます。よい気分の時は、ポジティブな情報を、悪い気分の時はネガティブな情報ばかりが目につくという経験があると思います。同じ情報でも、ユーザーの状態によって見え方が違うのです。ネットのリターゲティング広告は、1人のユーザーに対して定期的にアプローチを続け、ユーザーの気分と自社サービスが一致するタイミングを狙います。実際の営業でも、繰り返し訪問することで、相手の気分が上々な場面に面談ができると、一気に商談が進展します。

⑧　バンドワゴン効果

「バンドワゴン効果」とは、「現在の流行はこれです」と聞くと、人はその流行している商品やサービスを、好意的に捉える傾向があることです。チラシ広告ホやームページ上で、「大流行」「大人気」という言葉を含むキャッチコピーを付けられた商品やサービスは、不思議とよいものに見えてしまうのです。

⑨　ウィンザー効果

「ウィンザー効果」とは、直接自分が得た一次情報よりも、第3者を介して伝えられた二次情報の方が、影響力が大きくなる傾向にあることです。インターネット上では、間接的に伝わる情報が氾濫しています。根拠のない信憑性に掛ける情報も多いのですが、口コミやカスタマーレビューの影響力は絶大です。

⑩　バーナム効果

「バーナム効果」とは、誰にでも当てはまるようなあいまいな内容の表現でも、「あなたは心のやさしい人ですね」と指摘されることで、本人は自分のことを正確に言い当てられた、と思ってしまうことをいいます。よく占いで利用される手口です。ネット上でのターゲットユーザーに対して「自分のことをわかっている」と感じさせる手口が、多用されています。

⑪　希少性の法則

「希少性の法則」とは、入手困難なものほど需要が増大し、気軽に手に入れるものほど需要が薄れていくことをいいます。「スノッブ効果」ともいいます。TVショッピングで、「限定商品で、あと何個です」わざと品薄を装い、入手困難な印象をアピールし、購買意欲をそそる手口は、よく使われるテクニックです。毎日放送しているところを見ると、現実には在庫は沢山あります。

⑫　カクテルパーティー効果

「カクテルパーティー効果」とは、人が集まるパーティーなど、様々な雑音や会話が入り交じる中で、不意に自分の名前を呼ばれたり、興味・関心の向く話題があがったりすると、そこだけ際立って聞こえてくることをいいます。人は無意識のうちに自分に関係のある話題・ない話題を選別し、関係のある話題だけをキャッチする傾向にあります。メール広告では、個人名やニックネームが入って届くと思います。

それは、「あなたへ」というイメージを強く打ち出すことで、ユーザーの関心をひきつける手法です。

⑬　ヴェブレン効果

「ヴェブレン効果」とは、ブランド物のように、高価格でそれ自体が価値を持つ商品を手に入れることで顕示的消費欲を満たすことをといいます。例えば、50万円以上もする高級ブランドバッグがよく売れるのは、バッグそのものの品質は当然ですが、そのブランドバッグを手に入れたことに対する満足感が高いからです。高価格帯のものを販売する場合は、ヴェブレン効果が利用されます。

⑭　決定回避の法則

「決定回避の法則」とは、商品等を選択するとき、人はその選択肢が増えると、その中から選択・決定することが困難になる習性のことです。たくさんの選択肢を用意することは、品揃え豊富というよい面もありますが、迷ったあげくに売れないという、リスクに繋がる場合があります。商品点数が多い場合は、商品ごとにターゲットを絞った紹介が必要になります。

⑮　現状維持の法則

「現状維持の法則」とは、商品等の選択肢が広がりすぎた場合、普段と変わらない選択をしてしまう法則をいいます。決定回避の法則とセットで覚えておきましょう。経営上は、この状態を回避する施策を考えなければなりません。

⑯　カリギュラ効果

「カリギュラ効果」とは、禁止されると、人はかえって禁止された行為をしたくなってしまうことです。昔話の「鶴の恩返し」や「浦島太郎」でおなじみの人の習性です。経営上の事例では、「本気でダイエットを考えていない方は、この本を見ないで下さい」のように使われます。

⑰　ディドロ効果

「ディドロ効果」とは、人は気に入った商品が手に入ったとき、既に持っている身の回りのものが、購入した商品と適合しなかったとき、新しく手に入れた商品に合わせて、新たに周囲のものまで変えていくことです。例えば、自分の好みの家具を購入し、部屋に運び入れたとき、部屋の雰囲気がその家具に合わない感じた場合、その家具に合わせて部屋を改装します。

⑱　権威への服従原理

「権威への服従原理」とは、人は権威のある者（専門家、有資格者等）の言動に無意識に従ってしまう習性をいいます。例えば、医師や弁護士等の専門家として紹介された人物のアドバイスを鵜呑みにして、その内容を信頼し、受け入れてしまうことです。事例としては、TVショッピングで、著名な医師が登場し、基礎化粧品を医学的な見地から推薦したとします。すると、他社の基礎化粧品よりも印象が格段とよくなり、売上が上がります。

⑲　返報性の原理

「返報性の原理」とは、人は無償で施しを受けた時、何かしらのお返しをしなければいけないという心理が働くことです。例えば、デパートの地下食品売り場で、試食販売が行われています。味を試す意味もありますが、試食品をもらったということで、お返しに買ってあげようと考えるのです。

⑳　フォールス・コンセンサス

「フォールス・コンセンサス」とは、人は「ほとんどの人は自分と同じ考えに違いない、自分の感覚は一般的だ」と思い込む傾向にあることです。

　上記に挙げたものは心理学の典型的な法則です。まだまだたくさんあり

ますが、経営学のマーケティングで必ず学ぶので、そちらに譲ります。心理学の要点は、人の心理を理解する点で、すべての出発点となります。ビジネス倫理を考えるときも、従業員の心理を理解することは同様です。体系化された心理学は応用性が非常に高く、ビジネス倫理の定着に、いろいろな場面で利用できます。また、一方で、間違った価値観が定着することを避けるために、異常な心理的な誘導を事前に見破ることができるようになります。

　この第1章では、正しい価値観をビジネス倫理として企業に定着させるための、事前の心構えを紹介しました。ここで知っておいてほしいこととしては、まず、倫理は法律ではないということです。そして、倫理には法的な罰則がなくても、不適切な倫理行為は社会的な制裁を浴び、企業業績に悪い影響を与えるということです。また、倫理は、人によって考え方は異なり、時代によっても変わります。企業が同じ対応を行ったとしても、マスコミの種類や所属によっても捉え方が変わります。そうした現状を踏まえた上で正しい倫理観を見つけていかなくてはならないのです。皆さんも倫理問題の難しさが理解できたと思います。
　企業内で、上層部から権威で、強制的にでは意味がありません。企業内で自発的に正しい倫理観を共有できる体制作りが必要なのです。

第Ⅱ部
現状認識と正義について

第2章
現代のビジネス倫理

第Ⅱ部　現状認識と正義について

1 ビジネス倫理

（1）ビジネス倫理の定義

　ビジネス倫理とは、「企業が行う意思決定とその活動に関して、その善悪の判断となる価値観」です。これが、ビジネス倫理の定義となります。私が専門としている法律には、条文があり、その条文に判例が積み重なっていくことで、善悪の判断が下されます。そして、その国に住む住民は法律に、強制的に従わなければなりません。ビジネス倫理は、そういった強制的なものではなく、企業を構成する経営陣と従業員が、構成組織のメンバーとして、企業活動を行う上での、価値観のことです。

　企業は組織で構成されます。ビジネス倫理は組織の倫理です。そして、その構成員である個人の倫理でもあるのです。個人倫理の集合体ではありますが、その総和ではありません。それは計算できないからです。企業という組織で、価値判断基準を形成することになります。強いリーダーシップを持つ個人が、間違った方向にビジネス倫理を運んでしまうこともあります。また逆に、使命感を持った強烈な個人が、1人で正しい方向に、ビジネス倫理を決定し、正していくこともあるのです。

　ビジネス倫理を考える上で、リーダーシップについて知っておく必要があります。強烈なリーダーシップを持った個人が、ビジネス倫理の枠組みを決定し、組織倫理を形成してしまうこともあります。カリスマ性を持った歴史に残る著名な経営者（例えば、トヨタ自動車の豊田喜一郎、パナソニックの松下幸之助等）がこの例に該当すると思います。

(2) 価値観について

❶ 価値観の相違

　経営と倫理とは、相容れない面があります。経営は商品やサービスを提供して利益を上げることが目的ですが、倫理は経営からするとその利益を減少させるコストに見えることがあるからです。しかし、倫理面がしっかりとして、良い商品等を提供する組織体が構築できれば、経営にとっても大きな力となります。同じものでも、考え方により、その外見は変わります。経営と倫理が両立しないことはないのです。

　ビジネス倫理を考える上で非常に大切なことは、すべての人に個人差異があり、その個人が持つ価値観は異なるということです。一般的に、同じ文化や地域の風習の中では同じような価値観が生まれますが、それも絶対ではありません。価値観は、内面的側面や物質的側面でも変わります。社会が目まぐるしく変わるために、価値観の捉え方を間違っていたのでは、経営そのものに大きな影響をもたらします。価値観をいくつかの論理的な分野に分割して見ていきましょう。

❷ 価値観の変化

　① 考え方の多様性

　　宗教、文化、性別、年齢等が異なる個人は地域的な類似性はあっても、その個々人は各自の視点、人生経験に応じて、企業組織内での適切な倫理的な行動方法について、それぞれ異なる考え方を持っています。時に、全く正反対の対照的な考え方を持っていることすらあるのです。価値観について、同じ出来事でも、その事実認識について、また、その認識に対する反応についても、広い分野での違いが見られるかもしれません。

　② コストについての考え方

コスト削減の指令が出てそのための実際の行動を見ると、そのコスト削減のために法律を遵守することを一部の人たちは甘く考えます。また、不正行為を見逃す環境が生まれることがあります。価値観において、現場の意思決定を自分自身でしなければならないときに、この倫理観の弱体化はしばしば行動に影響を与えます。

③ 労働環境の変化

通信手段の大きな向上で、必ずしも自職場で働くことがなくなり、自宅でも仕事ができるようになってきました。また、インターネットを利用した通信手段に頼りながら遠隔地で働くことも多くなりました。共通の労働環境でないため、1つの組織的な倫理行動規範に適合させることは困難な環境にあります。価値観において、自宅での労働やインターネットを通しての労働は、他の労働環境のものと価値観が異なってきます。

④ グローバル化

企業規模が世界的になり、異なる地域では異なる考え方を持ちます。また、他の地域では許されることも、文化的な違いにより、許されないことも多くなっています。価値観が全く異なるからです。しかし、企業はそれぞれの地域で受け入れられる商品やサービスを提供しています。消費者は企業に何を期待されているのか、従業員は、その期待に応える倫理規範が必要です。企業がグローバル化しても、価値観のその本質的な部分は共通していると捉えることが大切です。

⑤ 非正規従業員（パート・アルバイト・派遣社員等）の増加

雇用が一時的な従業員との仕事が増加しています。同じ労働環境にない中で、価値観が異なります。戦略的に彼らとは連携しなければならないのですが、長期的な意味で、企業組織になじむ必要が薄いため、企業組織としてのビジネス目標から定めた倫理規範に従わ

せることに困難を感じるかもしれません。

⑥ 専門能力を持つ従業員とのチームワーク

仕事の高度化が進み、また、階層性のある従来型の組織構造は陳腐化し、チームでの行動が重視されています。専門的な知識や技能を持った人が、自然とリーダーシップをとることがあります。組織としての価値観とその専門家の価値観が異なる場合、倫理規範が機能しないことがあります。

⑦ 提案制度による起業家精神

提案制度が設けられ、自分自身のアイデアを所属企業に提案することにより、革新を行うことを奨励している企業が多く存在します。それは所属企業の資源を利用し、その成長を促すことになり、そのための責任が付与され、重大な意思決定が任されることもあります。そうすると、一般の従業員の価値観と異なる次元で、倫理規範が必要となってきます。

⑧ 政府の規制緩和

民間の活力を利用し、経済発展を成し遂げるために、政府の規制緩和政策が進んでいます。規制がなくなると、業界の自主的な行動規範が必要になります。法律や行政指導は、価値観の唯一のよりどころでなくなります。

⑨ インターネットや通信機能の向上による報道のスピードアップ

放送技術や情報処理能力の飛躍的進展により、企業行動の詳細が、リアルタイムで開示されます。その善悪に関係なく、経営者は、報道内容についての対応は正確で、倫理的である必要があります。そのためには、経営陣を含めた、従業員全体での共通した倫理観が必要になります。

以上のように、価値観はそれぞれの立場で大きく異なるにも関わらず、

ある程度の共通性を持った企業内の倫理規範が必要なのです。

(3) 一般的な事例から見る倫理行動規範

企業内でよく起こる事例から、倫理的な行動規範を見ていきましょう。

❶ メールの規制

企業はメールアドレスを従業員それぞれに与えています。そして、その企業内でのメールを企業がチェックすることは、当然のように行われています。メールのモニタリングは就業規則に載っており、問題ないとする企業が多いのです。しかし、欧州では、モニタリングをプライバシーの侵害として、認めていない国もあります。

そのメールの規制はどこまで可能なのでしょうか。コンプライアンス上は、個人的な用途に使うことは禁止した方がよいと思われます。しかし、仕事上の付き合いと個人的な付き合いと重なることもあり、仕事と個人的なメールの使い分けは難しいと考えられます。また、事実上、厳密な規制はうまくいかないでしょう。例えば、天気予報、株式等の投資情報、スポーツの結果等は、営業上必要なことが多く、仕事といってもおかしくありません。線引きは難しいでしょう。

価値観はそれぞれで異なります。価値観が異なると、それに合わせる倫理規定も変えなければなりません。共通項を見つけ、従業員の理解を得ることが必要になります。従業員の中には、プライバシーの権利を主張する人もいます。また、企業サイドでは、執務中のメールは会社の仕事に限るべきで、雇用中の時間と会社の設備は仕事のみに使う考え方が一般的です。正論は、個人的なメールは個人のメールアドレスを使うべきなのです。

価値観の合意は容易でないことが、このことからも理解できると思います。

(4) 販売ノルマと適合性原則

　営業担当には、どの会社でも多かれ少なかれ販売目標が定められ、その販売実績（売上高）で評価されることが一般的です。そこで、その販売手法に倫理規範が必要になります。売ればよいというのではなく、その商品やサービスを必要としている人に、適度に提供する考え方が大切だからです。顧客の満足を保ちながら、継続的な関係を保つ手段といえます。しかし、販売ノルマがきつい場合は、無理な押し売り的な販売が行われることがあります。

　証券会社等の金融機関では一般的になっている、適合性原則を見ていきたいと思います。適合性原則とは、顧客の知識、経験、財産の状況、金融商品取引契約を締結する目的により、本人に不適当な勧誘を行ってはならないという規制のことです。こうした勧誘は投資家保護の意識に欠けますし、現実に投資家に損害を及ぼす可能性があります。

　この適合性原則は、金融商品取引法の第40条に同様の規定があり、根拠条文となっています。この法律は、「顧客属性に照らして、不適切な商品・取引については、そもそも販売・勧誘を行ってはならない」という行為規制です。つまり、簡単には理解できないリスクを内在する商品を、いかに説明を尽くしたとしても、リスクを望まない通常の投資商品として販売してはならないのです。狭義の適合性原則といわれます。安全な投資を望んでいる人に、リスクの大きな商品を勧誘することが、この規制の対象となる行為の典型的な例です。

　また金融商品取引法は、「販売・勧誘してもいい商品であっても、顧客属性に照らしてその顧客に理解してもらえるだけの説明をせずに販売してはならない」と定められています。これは広義の適合性原則と呼ばれています。銀行や証券会社等の金融商品取引業者を対象としていますが、営業マンに行き過ぎがあった場合等に、すぐに適切な対応をとれるようにする

第Ⅱ部　現状認識と正義について

ためにも、適合性原則をよく理解し、予防するための企業倫理規定を設けておく必要があるのです。

(5) 経営倫理のリーダーシップ

企業は成長するにつれて、活動がグローバル化し、世界各国の企業との取引が増加していきます。必然的にその成長に伴い、遵守すべき法律、規則、習慣等が増加します。そのために、経営理念のリーダーシップが必要になります。具体的には、世界中の従業員から倫理に関する質問を受けた場合、経営陣は即時に的確に答えなくてはならないからです。実際には、世界中からの質問をまとめ、特定の主題ごとにまとめ、マニュアル化した資料を作り上げることが標準的な作業になります。標準的な企業倫理規範を設定することで、多くの基本的な活動スタンスを明確にすることができます。また、緊急時やリアルアイム経済社会現象に対応するために、週刊電子ニュース伝達版や秘密が守られるメッセージシステム、研修状況等を開示できるウエブサイト等を構築します。企業の成長は、世界のユーザーから信用を得て、企業活動を永続させることが絶対条件です。そのためには、世界市場が必要とするものを、そのニーズの変化を捉えながら供給し続けることです。社会に対する責任感を持ち、ユーザーとの約束事を守らなければならないのです。その背景には、高度な倫理観が必要になります。そのために、経営倫理のリーダーシップをとることが求められるのです。

(6) 変化に対する敏速な対応

企業は、人で構成され、人が企業を支えています。社会の変化に対応するスピードは、人それぞれです。しかし、その対応は現場任せにされがちです。自らが所属する会社の成長には、トップがコミットした成長戦略の

もと、従業員個々人の成功計画が必要になります。それには、従業員に対し、創造的な発想を持ち、革新すべきところを常に見つけ、かつ従業員同士、別の組織同士が協力し合う環境が求められます。その基盤となる、企業内の倫理規範を明確にし、どの活動にも倫理観を適合させることを最低条件とした活動が必要になります。適合しない事例は、金銭的な成果を強調しすぎること、売上高や収益目標の達成に誠実さが欠けていること、従業員の基本的な生活を無視する過酷な労働環境になっていること等が挙げられます。変化に敏速に対応することと、社内の基本的な倫理観を共存させなければならないのです。

(7) 新しい発想とアプローチ

　従来からの倫理観は、法令主導型が多いです。新しい倫理規範は、法令主導型ではなく、価値観とその価値観に基づく原則に沿って運用しなければなりません。法律は、問題が発生し、その再発を防ぐために作られていきます。企業の倫理規範は、問題の発生を抑制し、予防するものでなければならないのです。また、古い階層組織経営から、新しい発想への経営へと進化させなければなりません。それには、正しい価値観の醸成とともに、権限と責任を委譲する必要があります。

　核となる価値観が企業内で理解され保有されるようになると、その中での従業員の行動は、その価値基準と一致します。それは、価値観が共有できていない企業と比較し、競争上優位に立つことができます。経営陣の意思決定も、法令より大きな新しい価値観を基準に沿って行われるようになります。官僚主義のような、旧態依然とした組織体から、新たな局面に常に柔軟に対応できる体制が構築されていきます。基本方針は簡潔化され、簡単で理解しやすいものだけが残ります。従業員は、所属企業はもとより、社会からも信頼され、責任を持つようになります。

第Ⅱ部　現状認識と正義について

2 ビジネス倫理の理論

　価値観とは何でしょう。また、どのような分類があるのでしょうか。たくさんの学説がありますが、単純でわかりやすいものとして、ハーバード大学で哲学を教えるマイケル・サンデル教授の著書から正義についての説明を参考にしたいと思います。本章では、現代で行われているビジネス倫理に直接役立つような事例を扱っていきます。

　以下は、サンデル教授のハーバード大学でのネット授業を参考にし、著者自身の見解を加えたものです。価値観については、いろいろな考え方があり、変化するものということを理解してください。

(1) 命の価値観

　「命の選択」の事例から、正義や基本的人権の尊重を考えてみます。
　正義とは、いろいろな考え方があります。1つには、幸福の最大化を意味し、大多数のための幸福を最大化するものです。2つ目は、正義とは人間の尊厳に価値を置き、つまり、人間の基本的で絶対的な権利と義務を尊重するものです。3つ目の伝統的な解答は、正義とは人間としての美徳と共通善を称え育むことを意味します。
　歴史上の様々な哲学者たちは、この正義について議論し続けてきました。幸福の最大化という1番目の考え方は、功利主義者の考え方です。イギリスのジェレミ・ベンサムが初めて提唱しました。2番目は、ドイツのイマヌエル・カントが主張しました。3番目は、ギリシアの古代アリストテレスの考え方です。これらの哲学者の意見を直接的に探っていくことは大切なことです。でも、概して難解で実際に自分の意見として実践的に使

いこなすには難しいものなので、もっと簡単に身近な事例として考えてみましょう。

自分で考えることで、この3つの考え方を評価し、自分自身で見極められるようになることを期待したいのです。倫理学の問題に、結論はありません。自分自身で決めることを学びます。

それでは以下の事例で考えてみましょう。

事例1　人の命と選択　1

路面電車が直進してきます。線路上に4人作業員が働いています。引き込み線があるけれども、そこにも1人の作業員が働いています。線路はスイッチボタンを押すだけで、どちらにも切り替えることができます。どちらにも犠牲者が出ます。あなたはどちらを選択するでしょうか。4人の命と1人の命の選択となります。

大多数の人は、単純な4：1の選択では4人を助ける方を選ぶと思います。でも、現実にこのような単純な選択は存在せず、必ず様々な背景が存在し、その中での選択となります。人は複雑になると単純な行動を好みます。何もしないという選択です。例えば、事例1の条件に、上司を説得して同意を取り、自分自身がポイントの切り替えレバーまで走り、全体重をかけての作業が必要となると、大多数の人は何もしない方を選択するのではないでしょうか。

事例2　人の命と選択　2

事例1と同様に命の選択を考えます。病気入院中で余命が約1年と診断された患者Aさんがいるとします。そして、Aさん臓器が適合する臓器移植を待つ患者が4名いたとします。今、Aさんが自ら臓器提供を提案しているとしたらあなたは医師として応じた方がよいと

思いますか。それとも同意できませんか。この問題は、事例1に本人の同意が加わりました。しかし、医師という専門職の倫理観も加わっています。

医師という専門職の人たちには、特別な倫理観が要求されます。法律でも、患者をできる限り診察しなければならず、生きている状態から臓器提供者の死を引き換えとする移植手術はできません。

事例3　人の命と選択　3

イギリスの過去の裁判例からです。ミニョネット号事件とは、19世紀に漂流船上で起きた殺人事件とイギリスで行われた裁判を総称していいます。そこで、あなた方はこの事件の判事としてどういう判決を下しますか。以下は、その内容と判決です。ここで大切なことは、自分自身で考えて結論を出す訓練をすることです。

この事件は、道徳的に許されるのだろうか。殺人罪に問われるのだろうか。2つの事例とも犠牲者を少なくすることはできます。一方で、何の罪のない人を殺すことになります。

「事件の概要」

1884年7月5日、イギリスからオーストラリアに向けて航行していたイギリス籍のヨットミニョネット号（Mignonette）は、喜望峰から遠く離れた公海上で難破しました。船長、船員2人、給仕の少年の合計4人の乗組員は救命艇で脱出に成功しましたが、艇内にはカブの缶詰2個以外食料や水が搭載されておらず、雨水を採取したり、漂流5日目に捕まえたウミガメなどを食い繋いだりして、漂流18日目には完全に底をつきました。19日目、船長は、くじ引きで仲間のためにその身を捧げるものを決めようとしましたが、船員の1人が反対したため

中止されました。しかし20日目、船員の中で家族もなく年少者であった給仕のリチャード・パーカー（17歳）が渇きのあまり海水を飲んで虚脱状態に陥ったのです。そこで、船長は彼を殺害、血で渇きを癒し、死体を残った3人の食料にしたのです。

「判決」
　24日目に船員3名はドイツ船に救助され生還しました。その後、母国に送還されると殺人罪で拘束されました。彼らは人肉を得るためパーカーを殺害したのは事実ですが、そうしなければ全員が死亡していたのは確実です。仮にパーカーが死亡するのを待っていたら、その血は凝固して、すすることはできなかったはずです。この事例は、極限状態での命の選択です。

　そのため「カルネアデスの板」（以下の事例4で解説）に見られる「緊急避難；日本では刑法第37条」を適用した違法性の阻却が考えられました。しかし、イギリス当局は起訴しました。最初の裁判の陪審員は違法性があるか否かを判断できないと評決したため、イギリス高等法院が緊急避難か否かを自ら判断することになりました。この事案に対して、イギリス高等法院はこれを緊急避難と認めることは法律と道徳から完全に乖離していて肯定できないとし、謀殺罪として死刑が宣告されました。しかし、世論は無罪が妥当との意見が多数で、当時の国家元首であったヴィクトリア女王から特赦され禁固6ヶ月に減刑されました。

事例4　人の命と選択　4

　カルネアデスの板とは、古代ギリシアの哲学者、カルネアデスが出したといわれる問題です。舞台は紀元前2世紀のギリシア。1隻の船

が難破し、乗組員は全員海に投げ出されました。1人の男が命からがら、壊れた船の板切れにすがりつきました。するとそこへもう1人、同じ板につかまろうとする者が現れました。しかし、2人がつかまれば板そのものが沈んでしまうと考えた男は、後から来た者を突き飛ばして水死させてしまいました。その後、救助された男は殺人の罪で裁判にかけられましたが、罪に問われなかったのです。

　刑法の「緊急避難」の例として、現代でもしばしば引用される寓話です。現代の日本の法律では、刑法第37条の「緊急避難」に該当すれば、この男は罪に問われません。しかし、その行為によって守られた法益と侵害された法益のバランスによっては、過剰避難と捉えられる場合もあるのです。ケースバイケースなのです。この考え方は、その状況と正義観のバランスが大切です。倫理観は、時と場合によって変わるということが理解できると思います。

　ここまでに挙げた事例に対する代表的な意見は、2つの選択を幸福の大きさを判断基準にして、人を殺害してでも生き残ることは必要と考えることと、人を殺すこと自体許しがたい行為で、何もしないで死を待つという意見です。事例3では、給仕の若者に身寄りはなく悲しむ家族もいません。後の3人には、養うべき家族があり彼らの悲しみも想定できます。功利主義者は迷わずに最大の幸福を選択し、3人が生き残る道を選ぶでしょう。しかし、殺人は人間として決して犯してはいけない行為という意見も当然あります。カント主義は、殺人は犯さず、死を受け入れることになるでしょう。事例4の緊急避難では、直接的な殺人という行為はしていませんが、事例では、直接的に自らの行為が殺人につながっています。給仕の若者には、自分の人生を生きる基本的人権や自律権があります。その人権を侵すことはできるのでしょうか。また、若者にも仮に助かれば将来があり、家族ができたかもしれません。そのままの状態では死んでしまったと想定も

できますが、彼の将来を奪い取る権利は誰にもないとも考えられます。

　それでは、給仕の若者が自分の意思で死を申し出たときはどう考えられるでしょうか。自分の身体を犠牲にする権利は自分にあるのでしょうか。スイス、オランダやアメリカの一部の州では安楽死を認めています。しかし、日本の法律では、その権利は通常ないと考えられています。日本では、安楽死を認めていませんし、自殺を許容する風土、文化はありません。自分は一人で生きてきたのではないのです。家族や友人との支えの中で、社会というコミュニティの中で生きているのです。このことを哲学者は、不可譲の権利と呼んでいます。命とは非常に根源的な権利で、自分でさえも犯すことのできないものと考えるのです。

　このように考えてくると、幸福を最大化するという功利主義的な考え方に対する感じ方がある程度変わってきたと思います。一方で、カント主義的な道徳的論法の典型例を事例から見ることができたと思います。正義や基本的な人権に対する意見にも様々な相違点があるのです。倫理学に結論は出ません。考えることが重要なのです。

（2）財の価値観

　所得の分配、貧富の差について考えてみましょう。どのくらいの所得の差や貧富の差が社会の不公平に結び付くのでしょうか。巨額の給料を得る人もいれば、最低賃金ぎりぎりしかもらえない人もいます。正義は、どこまで許すのでしょう。日本は世界的なグローバルなものさしで計ると、極めて平等な社会で貧富の差が少ないのです。アメリカは、成功者とそうでない人との貧富の差が大きく、その格差は拡大傾向にあります。日本の平均的なサラリーマンの年収は約420万円です。大企業の経営者の年収は1億円を超える人もいますが、たいてい5千万円以下です。その平均的格差は10倍にはなりません。しかし、近年は拡大傾向にあります。アメリカ

では、約300倍です。一般的な労働者の1年分の賃金（給料）を1日で稼ぐことができます。非常に大きな格差が既に存在します。

　ここでちょっと考えてみましょう。資本主義のもと生まれる所得分配であれば、それは公平なのでしょうか。

　物やサービスの交換が強制されることなしに、自由に合意がなされていることを自由市場経済といいます。すべての人に自由な取引活動を許しているので、すべての人にチャンスはあります。そのため、公平な社会と呼んでよいのでしょう。しかし実際はそうでないとする意見もあるでしょう。

　日本の学校の先生の平均的な給料は年収で約450万円です。安くもないが高くもない、そういった印象だと思います。公立や国立の公務員ならば、さらに少し高く年収約700万円になります。野球のイチロー選手の年収は、2014年は約15億円です。これは非常に高いですが、野球殿堂入りが間違いないといわれるくらいのスーパー・スターなので、皆が納得していると思います。オバマ大統領の年収は約3,500万円です。意見はいろいろあると思いますが、オバマ大統領は大国アメリカの指導者なので、その言動は世界に影響を与えます。一方、イチロー選手は、あくまでも野球の世界だけの影響力に限られます。重要性の観点から比較すれば、その報酬は高すぎると感じます。

　別の見方では、イチロー選手のプレーには、野球好きの人がお金を払って観戦に行きます。その人たちを楽しませることで報酬を得ているので、税金から報酬を得ている大統領と比較することができません。音楽やスポーツを通して楽しみを与えている人たちや、企業などを通じて特別な商品やサービスを提供している人たちは、その売上・収益の中で完結しているため、問題ないと感じます。

　いろいろな意見があるのです。大統領もイチロー選手も税金を払っています。税率は国によって異なりますが、日本では、年度によって異なりますが年収1,800万円以上では約40%～45%です。他の資産税を入れると高

額所得者の税負担は50%を超えます。税金の負担を高すぎると感じる人もいれば、適性と感じる人もいます。どの程度が適正なのでしょうか。あまりに高すぎると、努力する気持ちが減退する可能性もあります。適正水準はとても難しく、経済環境や社会情勢によって変わるのです。高所得者の人は、ビルゲイツのように自らの意思で寄付をすることもできますし、寄付しないこともできます。寄付は、政府から強制されません。

　政府は、課税以外で法律や国家権力を使って、彼らの報酬を取り上げることはできません。その道徳的意義は何でしょうか。基本的人権でしょうか。社会全体の富を再分配することは、基本的人権を侵すことになるのでしょうか。いくつかの考え方があります。自由な市場経済の中における競争の中で、努力や才能の結果として報酬を得ているので、経済原理を経た結果の報酬であり問題ないと考えることもできます。一方、課税により所得の再分配を行うことは、どこまで許されるのでしょうか。過去に、功利主義的な考え方に沿って、所得の再分配を国家レベルで行うという計画経済が非常に持てはやされた時期がありましたが、結局、ほとんどすべての社会主義経済社会はうまく機能しませんでした。お金だけの問題ではないのですが、歴史の事実です。

　報酬は、1つの大きな行動の要素となることは間違いありません。人の心理と行動の研究では、自由であることが大きな成果に結び付くことがわかってきています。たくさんの要素が、人の行動を決めます。その適正な配分は、考え方によって異なるのです。ここで問題にしている基本的人権は所有権に関するもので、生命に関する権利ではありません。しかし、政府は課税することで、貧しい人々に最低限の生きる権利を与えています。それは課税によって得た税金によって実現されます。考え方にはいろいろな側面があり、すべてのバランスを取る必要性があることに注意しなければなりません。

　命のケースと、財産のケースでも、考え方は異なります。この場合も、

様々な考え方があり結論は出ません。それでも考えること、議論することは、その中で落としどころを見出す近道になります。それは、それぞれの文化や習慣、また生き方、信条、その他のいろいろな条件で考え方が異なるからです。例えば、命と財産を同じように重要と考える人もいれば、財産はなくなっても命の方が比較できないほど重要だと考える人もいるのです。治安の維持、教育、政治の安定、道徳的な見地からの救済等いろいろな要因が考えられます。でも、最も基本的な解答は、人類は最低限の生活水準を保ちながら生きていく権利を持っているということだと思います。

整理すると、正義には、裕福な人から貧しい人への所得の再分配という功利主義的な考え方があります。もう1つは、人間の尊厳と選択の基本的な権利を重視する考え方です。功利主義者（最大多数の最大幸福と考える人）は、課税を強制すべきと考えます。一方、カント主義者（人としての基本的倫理観を第一に考える人）では、人間の尊厳、伝統、自律、選択の尊重から導いて、課税して所得を貧しい人に分配します。人の命と財産を別に考えるか、それとも命も財産もおなじレベルで考えるかも問題です。この問題については、さらに議論することが必要だと思います。3番目の考え方は、良いことをする気持ちを持つこと、つまり貧しい人を助ける倫理観や自己犠牲の気持ちを持つことです。人は、昔から集団で生きてきました。相互に助け合って生きてきたのです。その根本的な人間性のことです。別のところでも述べましたが、人に良いことをしたという気持ちを持つことで、人はストレスを忘れ、明日への活力を得ます。人間に本来備わっている機能なのです。いろいろな事柄を判断するモノサシを美徳、善、道徳的重要性に置く3番目の考え方は、実に伝統的なものなのです。

（3）命でも財産でもないものの価値観

次に、命でも財産でもないもので正義を考えてみましょう。受験科目が

多く、学費の安い国立大学への入学資格についてです。

　例えば、東京大学へ大金持ちの子息1名の合格を考えましょう。合格をお金（例えば10億円）で売ることは許されるでしょうか。当然、その収入は、他の学生の研究費や施設費に使われ、全体的なメリットがあり、施設は大きく改善するとします。図書館の整備や実験等への研究費の予算が増えることは、在学生にとってメリットが大きいと思います。しかし、社会の公正さが害されるという考え方があります。また、東大は国立なので、国民の税金で経費が賄われています。税金での運営は、公正さが守られることが必要と考えられます。一方、程度の問題で、ある程度なら許されるとの考え方があります。

　私立大学では、既に学費を学生の成績によって変動させ、似たような制度を導入している学校があります。例えば、医学部では上位10位以内なら学費を免除するとか、下位10位の場合は、寄付金の増額を制度化している場合があります。私立の医学部は高いところでは卒業までに5,000万円前後かかる大学も存在します。サラリーマン（年収が約500万円）では、到底子供を入学させることはできません。私立大学はいろいろな方法で入学者を決めています。事例として、入試に指定校制（高校のレベルごとに高校時代の成績重視）、AO入試（面接重視）、一芸入試（ある分野に特筆すべき能力を保持）等があり、合格者を決める尺度は学力だけではありません。これは、不公平とはいわれません。初めから公に制度化されているからです。学力だけでないさまざまな物差しで入学者を決めることは不公平なのでしょうか。

　大学は学ぶところです。また、高度な教育を受ける場所です。その高い教育を受けるには、学力のレベルが必要で、そのレベルを測定するものが入学試験です。その基本的な考え方に返ると、お金により入学資格を買うことは正義ではないと考えられます。一方、授業についていける学力があれば（高校時代の成績で判断）、功利主義的な考え方で、全体での利益の

ために、入学を認めるという考え方もあります。

実際には、親の年収で子供が進学する大学に影響しています。以下の表から、東大の親の年収とその比率を見てください。明らかに、東大生の世帯年収は平均よりもかなり多いのです。2012年度の東大生を持つ世帯の年収は57%が950万円以上ということになります。パーセンテージのみの数値で、具体的な金額が出ていないため確実な数字とはいえませんが、世帯年収で1,000万円以上が平均になることは間違いないでしょう（実際には年収に関する問いには無回答のケースも多かったようです）。

東大生の親の世帯年収（2012年度調査）

（東大が実施したアンケート調査より）

年収	比率（100%）
450万円未満	13.5%
450万円〜750万円未満	13.8%
750万円〜950万円未満	15.7%
950万円〜1,050万円未満	19.4%
1,050万円〜1,250万円未満	9.4%
1,250万円〜1,550万円未満	11.1%
1,550万円以上	17.1%

しかしながら、半数以上の東大生が回答をしており、統計資料としては、ほぼ実態に近いことが予想されます。統計局の「世帯の平均年収・所得」のデータでは、「児童のいる世帯」の平均所得は約700万円です。この数字と比べると東大生の平均が約300万円以上も上回っていることがわかります。以前からいわれていることですが、やはり経済力と学力には相関関係があることが見て取れます。仮に素養のある人間であったとしても、「環境」が整っていないとトップレベルの学力をつけることは難しいのが現実のようです。要因は、①塾や予備校に通えるだけの金銭的余裕、②自

宅の個人部屋など勉強に集中できる環境、③私立高校に進学できる金銭的余裕(東大の半数以上は私立高校出身者。中でも中高一貫校の割合が高い)といったことがいえると思います。経済力があれば必ず学力が上がるわけではなく、また、上記のすべての条件を持っていても学力の低い学生はたくさん存在しています。個人の素養、適性も大いに関係があることは当然ですが、全国の受験生がしのぎを削る東京大学に入学するには、上記のような「環境」がないと不利になってしまうのでしょう。これは、事実です。日本全体の割合では10%に満たない年収1,000万円以上の世帯が、東京大学に限っては半数を超えているわけですから、経済力と学力の密接さを表す象徴になっているともいえます。

　これに正義はあるのでしょうか。年収別に入学者数を限定した方が正義なのでしょうか。いろいろな意見があると思います。事実、国立大学付属小学校、中学校では、入試の学力試験ではなく、抽選を行っています。また、金銭的環境の他に、優れた人材は周囲にいるという人的環境が良好なこともその理由に挙げられます。一般的に高収入を稼ぐ人は、人よりも高い能力を持っている場合が多いのです。運もありますが、努力しなければ、また、才能は開花しません。それは、学力であったり、コミュニケーション能力であったり、話術、人脈、芸術、身体能力など様々な要素があります。そのような優れた人材に触れあう機会が多いほど、要領の良い考え方やうまく勉強する方法、うまく生きる方法が身に付けやすいのかもしれません。

　優秀な人材を集めることは、その人材集団をさらにレベルアップすることにつながります。つまり、相対的に能力が高い集団に入ると、その力は上昇しやすく、低い集団に入ると、力は低下しやすいのです。詳細な統計データは表示できませんが、東京都や神奈川県が一時、地域を指定した学校群制度を導入して、公立学校のレベルを大きく下げてしまったことからも感覚的に理解できると思います。人間とは周りの環境に影響を受けやすいもので、東大生にも同様の作用が働いていることが予想されます。

逆に、このデータからは、違った情報として読み取ることができます。矛盾しますが、お金は関係ないということもいえるのです。世帯年収450万円以下の家庭からでも例年10%以上の東大生が輩出されています。これは、平均より低い年収水準であっても、努力次第では「東大生」になれるという、1つの証明ともいえるのです。

(4) 正義とは何か

倫理上、是正すべき問題として、人種・民族問題、収入の格差、貧困、地域格差等たくさんあります。それらを解決する手段として、すべてを平等にすることがよいわけではありません。また、すべてを自由な競争原理にゆだねると、必ず格差が広がります。強制的な富の分配は、経済や人の活動の活力を奪ってしまいます。どこまでが調整可能なのでしょうか。どの程度までなら、規制やルールづけが許されるのでしょうか。次の事例から考えてみましょう。

また、正義についての事例を挙げますので、考えてみましょう。何度もいいますが、正解はありません。考える過程が大切です。白黒つける必要はなく、どこまでが許されるか、どこからが犯罪なのかを見極める訓練をすることで、共通した価値観を持てるようになります。

❶ 人種差別問題

人種差別とは、人間を人種や民族、国籍などに基づいて区分し、その特定の人々に対して嫌がらせや差別をすることです。世界的、歴史的に、各種の事例が存在しています。日本は、ほぼ同一人種なのであまり身近ではありませんが、海外旅行等で、嫌な思いをしたことがある人もいると思います。私も、1980年代にサンフランシスコの高級レストランで、あからさまな人種差別にあったことを覚えています。場所は、大銀行の本店があ

る高層ビルの最上階です。世界からバンカーや商社マンが集まる中で、人種差別が公然と行われることに驚きました。あれから30年以上たち、アメリカ合衆国に黒人の大統領が生まれる時代になりました。どんな政策が取られ、人種差別が是正されたのでしょうか。

アメリカの南北戦争は、奴隷解放戦争としての意義もありました。その頃は、多くの黒人奴隷によって、経済基盤（特に南部地区）が支えられていました。奴隷解放に反対していた南部の各州が敗れると、アメリカの奴隷は、制度としては撤廃・解放されたのですが、実質的な差別は根強く残ったのです。1919年に、第一次世界大戦の戦後処理を決めるパリ講和会議では、日本が「人種的差別撤廃提案」を行いました。イギリスやオーストラリアが強く反対し、結果11対5で賛成多数となりましたが、議長のアメリカ大統領ウィルソンが例外的に全会一致を求めたため、否決された経緯があります。

またアメリカでは、アファーマティブ・アクション（差別是正措置）として、黒人を州立大学の合格点や公立施設の優先利用等で優遇しています。州立大学では、白人は90点取らないと入学できない医学部を黒人なら50点で入学できてしまいます。このテストの点数を人種によって補正することは、正しいのでしょうか。入学選考で人種や民族が考慮される理由は、①標準テストで生じる偏りを補正するためです。アメリカでは、その他にも経済的な階級で、標準テストの結果を補正しています。それでも足りないので、人種や民族で補正しているのです。受験生の家族的、社会的、文化的、教育的背景を考慮して判断しなければ、いつまでたっても人種差別が補正されないと考えられています。有名なすべての環境がそろった受験校から受験し90点の合格点を取ることと、スラム街にある荒れた環境の公立学校から努力して受験してくる学生が50点の合格点を取ることは、大学が優れた将来性のある学生を合格させる目的と矛盾しないという考え方です。他にも2つ理由があります。1つは、過去の過ちを補償することです。もう1つは、多様性を促進するためです。

❷ 過去の過ちを補償する問題

「人種差別」は、なぜ起こったのでしょうか。アメリカの歴史をひも解くと、移民の国アメリカは、もとはイギリスの植民地です。植民地支配時代を含めてアフリカから強制的に黒人を移民させ、労働力として使った経緯があります。過去の大きな過ちです。その歴史が、現在の子孫にも不利な状況が継続していると考えることができます。そこで、その差別の歴史を埋め合わせようという発想で、有色人種を優遇しようというのです。

現在は、公には差別は存在せず、すべての国民に同一の権利と義務があります。しかし、実際には、差別は少なからず残り、その差別は放置したままでは解決に向かいません。そこで、ある程度強制的に解決しようという発想が生まれました。過去から現在まで続く過去の過ちや不正の影響を補償しようというのです。そのために現在の便益を、一定の基準で移転しようというわけです。アメリカでは、支払う方は白人や高所得者です。受け取る方は黒人や先住民です。主に、税金を通じて行われますが、皆さんはどう考えますか。現在生きている人は、過去の事件には一切タッチしていません。それにも関わらず、白人というだけで、ある一定の負担を強いられることになります。倫理上の問題です。議論してみましょう。人口比で遜色ない程度まで人種比率が回復すれば、解決となるのでしょうか。実は、そうはいかない難しい問題なのです。環境の悪い地域の公立学校では、一定の割合（黒人生徒・児童の約40％）を超えると、数年のうちに、ほぼ100％の白人生徒・児童は転校してしまいます。問題の根が深いことに気が付くと思います。問題は、表面的な数字や手段ではなくて、価値観の問題なのです。

日本でも、同じことがいえます。太平洋戦争では、中国、韓国をはじめ、東南アジアの人々には、戦争に巻き込み多大な迷惑を掛けました。これは事実です。現在生きている人々は、戦争とは全く無関係です。国を通じての賠償金の支払いは、北朝鮮を除いて、すべて決着済みです。それでもいまだに、中国と韓国は、過去の話を持ち出します。これはどう考えたらよ

いのでしょうか。新しい未来を築くためには、今生きている人との交渉が大切ですし、そうすることで将来の展望が開けます。過去の精算とは、どこまでをいうのでしょう。これは、倫理的な問題になると思います。価値観を共有するとは非常に難しいことなのです。それでも、少しずつ解決しなければ、相互の将来はありません。解決策を模索しなければなりません。

❸ 堕胎罪と殺人罪の問題

　堕胎罪は、人間の胎児を母親の体の中で殺すか、流早産させて殺すことを内容とする刑法で定められた犯罪です。堕胎の罪（刑法212条〜刑法216条）に規定されています。その目的は、胎児を保護するとともに、間接的に母体の保護です。刑法上の判例は人の始期について一部露出説を取っています。つまり、胎児の体の一部が母体から体外へ出た段階で、人となります。胎児の状態で堕胎罪が適用され、人となると殺人罪で処罰されることになります。

　母体保護法により、医師が母体保護法第14条に基づいて行う堕胎は罰せられないことになっています。そのため、刑法の堕胎に関する規定は、不同意堕胎・同未遂・同致死傷罪を除き適用されません。でも、実際は、医療技術の進歩によって、現在は、1,000g以下の未熟児でも立派に育ちます。世界記録は、260gです。日本では妊娠12週以降は死産に関する届出によって死産届を妊婦は提出する必要があります。そのため、人工妊娠中絶の約95%が妊娠11週以前に行われています。

　倫理的な問題として考えたとき、いつまでが許されるのでしょうか。いつからが殺人になるのでしょうか。女性の人権問題もあり、難しい問題です。

　宗教的観点から、その考え方の代表的意見は以下の通りです。基本的に、中絶には反対しています。その考え方、価値観が揺れていることを理解することは、倫理上重要なことです。

❹ 代理母契約の問題

　人の命は、とても大事なものです。子供が生まれるということは、新たな生命が誕生することです。代理母出産とは、ある女性が、別の女性（夫婦）に子供を引き渡す目的で妊娠・出産することです。また、その出産を行う女性を代理母といいます。日本では、代理母出産については、1983年の産科婦人科学会により、自主規制が行われているため、日本国内では原則として実施されていません。しかし、代理母出産を規制する法制度は現在まで未整備です。この制度の不備を突く形で、諏訪マタニティークリニック（長野県）の根津八紘医師が日本国内初の代理母出産を実施し、2001年5月にこれを公表しました。また、タレントの向井亜紀さんが日本国内の自主規制を避ける形で海外での代理母出産を依頼することを公表し、2004年これを実行しました。また、海外での代理母出産も相当数（日本人がアメリカで実施したものだけで100例以上）あるとされます。近年では、インドやタイで代理母出産を行うケースが増えています。

　この状況を受けて、タイ・インドでは代理母出産を一定の要件の下で認める法案が準備されてきています。不妊夫婦にとっては子供が欲しいとの思いが切実です。アメリカより費用が安く代理母出産ができるインドで（約200万円程度）、多数の先進国の不妊夫婦が代理母出産を行っている現状があります。インドでは代理母出産用の施設まで作られています。インドにおける代理母出産の市場規模は2015年に60億ドルに上ると推計されています。代理母は、1件当たり約80万円から100万円の手数料を稼げます。これは、貧しいインドの平均年収では実に20年分に及びます。インド政府は商業的な代理母出産を合法化する法案を2010年に国会に提出し、合法化されています。外国人については本国政府の「代理母出産を認める」「依頼人の実子として入国を認める」という証明書を要求しています。インド国内でも外貨獲得に若い女性の体を使うことに批判があるようです。

　上記のように、代理母出産が実施されている原因として、強い需要が存

在していることが理由です。日本においても病気等の理由で、不妊となっている女性は、約20万人はいると想定されます。彼女らが自らの子を授かるには、代理母出産による方法しかないのです。養子では、遺伝的つながりを求める夫婦の要求を満たすことはできないからです。

　そこで、この問題を倫理面から考えてみましょう。子供が欲しい夫婦と、生活を助ける現金収入が欲しい両者の意見は一致しています。しかし、倫理的な面では、難しい問題を抱えています。日本では、法整備すらできていない状況です。

❺　徴兵制と志願制の問題

　軍隊の徴兵制と志願制を考えてみましょう。軍隊に入るということは、命の危険を顧みずに軍の命令に従って行動するということです。戦場に派遣されれば、自分の意思で行動することは許されません。そういった軍隊という特質を理解しなければいけません。徴兵制は、国民の義務として、国民全員に一定期間軍隊に入隊することです。その間に、戦争になるような有事状態になると、必然的に命を懸けて、国のために軍役に付かねばなりません。志願制は、自ら進んで軍隊に入ることです。その代わり、軍隊に入るとさまざまな優遇措置があります。例えば日本では、防衛医科大学で医者になるための勉強をし、その後一定期間軍役に付けば、授業料は免除されます。アメリカでも、大学入学が優遇されます。また、事実として、アメリカでは、国民の所得上位20％に入る親の子供は、実質的に兵役についていません。子供が軍隊に入ることを避ける傾向にあります。現実問題として、志願兵の親は、低所得者が多いのです。所得により、兵役を逃れることができることになります。

　この問題について、どう考えますか。裕福な家庭の子息は、兵役を逃れ、貧困層の子息がリスクをかぶります。直接的ではないですが現実です。倫理の問題として考えてみましょう。

3 倫理観を理解するための発展理論

　倫理学は人の心を問題にします。表面的には同じ行動でも、その心の中が全く異なることがあります。ビジネス倫理には、企業内の組織に所属するすべての人々が関係するので、その「動機づけ：モチベーション」について考えることは、非常に重要なことになります。また、経営トップが決めるビジネス倫理を社内に定着させるための方法に、倫理行動規範の実行を推進する者のリーダーシップがありますが、これにも問題点があります。「リーダーシップ」は、ひとつ間違うと大きな問題を引き起こしてしまいます。歴史上の人物では、ヒトラーは、リーダーシップはあったかもしれませんが、間違った方向に人を誘導しています。これらの基本的な理論を知っておくことは、ビジネス倫理を知る大きな助けになると思います。

　この「動機づけ：モチベーション」と、「リーダーシップ」は、ビジネス倫理を考える上でとても重要です。この2項目は他の章でも書いているので、ここでは簡単に触れるだけにします。ビジネス倫理は、企業内の価値観を共有し、良い企業に向けて統一していこうというものです。しかし、間違った考えのリーダーに誘導されてしまうと、悪いことを組織ぐるみで行う危険性があります。それを避けるために、どうなるとそういった状況になってしまうのかを知っておく必要があります。

(1) 自制心と報酬の代替

　動機づけについて考えてみましょう。人は、目先のことは最も簡単に行動します。将来のことよりもすぐ目の前のことが大切なのです。例えば、スマートホンをいじりながら平気で歩いています。現在のメールの処理に

対すること（目先のこと）が重要で、歩きスマホで起こることになる事故を考えません。しかし、将来と将来の出来事を比べると、俄然優秀になります。間違いのない的確な判断を下せるようになります。

　健康診断の結果を見て、ダイエットをしなければと考えながら明日からにしようと思い、実行できないことはないでしょうか。運動をしようとジムに通う決断をして入会しても、結局行かなかったことはないでしょうか。人は、目の前のご馳走や快楽を優先して、簡単に、将来のことを後回しにいます。じっくりと考えれば、とても比較にならないようなものでも、後回しにします。

　企業も同様です。例えば、地球温暖化対策について、企業は後手に回りがちです。当事者に直接影響があるのは、ずっと先のことだからです。地域によっては、もしかしたら自社には影響がないかもしれません。理想的な行動だと論理的にわかっていても、なかなかその行動に結びつかないのです。目先のすぐに結果が得られることを優先します。時間という要素が加わることで、企業の行動は大きく変わります。この行動を自制するためには、組織としての仕組みが必要です。長期的に見て企業にとって良いことと悪いことを見極める確固たる経営理念を固め、そのための行動指針が作られ、その行動指針に沿った組織を構築する必要があるのです。

　動物実験でも、同様な結果となります。誘惑を断つ仕組みを導入する必要があります。自制心を持つ仕組みを導入しなければなりません。長期的な視野で、良い結果をもたらす行動を起こすように仕向ける仕組みです。良いものと悪いものとを組み合わせることにより、報酬の代替が起こります。自制心を持たせる最も簡単な解決策は、報酬の代替です。

　人の行動を促すには、動機づけが大切です。それには、直ぐに得られる報酬（金銭、昇進、待遇等）が効果的です。しかし、それだけでは長期的な視野に立っての倫理行動を促すことはできません。将来得られる効果への動機づけには、直ちに得られるものを組み合わせることにより、効率的

な組織が構築できます。遠い将来のことは人が気に掛けないので、単純には、その将来のことに夢中にさせることはできないのです。

ある環境問題を常に気にしている人の事例を挙げます。その人は、環境問題に貢献したいと考え、自宅に太陽光発電システムを取り付け、車は水素エンジンの新型車に代えました。排気するのは水のみです。少し高い買い物ですが、地球の環境に悪い影響を出さないことを世間に示すことができます。そして、何よりも自分自身の気持ちが非常に満足感で満たされます。自己満足に浸り、最大限に地球に協力していると自分を褒め称えることができます。一方、環境にやさしい商品を開発した企業は、商品の価値にプラスして、環境保護に協力している企業というイメージを獲得できます。経営者は、企業理念を実現し、それもかなり具体的に示すことができます。

別の方法として、明確に自制行動を取らせる契約を結ぶことです。これは、あいまいな動機を考えたときの気持ちの上での代替ではなく、直接的強制的な契約を結びます。自制しなければいけないことをやってしまった場合、当人にとって不利益となることを契約しておきます。例えば、タバコを止めなければ、1本吸う度に100円が自動的に徴収される契約です。

ビジネス倫理の定着のためには、このような人間行動をしっかりと理解して、大きな視点からの大局的な浸透策を講じなければなりません。人の心を動かし、同じ価値観を共有する環境を作るには、人を心から動かすことが大切になります。

(2) 成功するリーダーシップ

リーダーシップとは、自己の理念や価値観に基づいて、目標を設定し、またその実現体制を構築していくことです。人々の意欲を高め成長させながら、課題や障害を解決する行動をいいます。この自己の価値観を、企業

理念と重ねることで、効果的な指導が可能となります。ジョン・アデア（イギリスの経営学者）によれば、優れたリーダーであることを証明する資質として、「誠実さ・熱意・思いやり・冷静さ・厳格にして公正」としていますが、リーダーは自分のチームに期待されている資質を、具体的に示さなくてはならないとしています。

　リーダーシップは、周囲を引っ張っていくことで、そのために周囲を巻き込んでいくことです。つまり、目標を達成しようとするときに、どれだけ人を巻き込む力があるかです。そのとき必要なのは、目標・目的を明確にし、その手段を明示できることです。それは、リーダーから見ると、その目的から見て目標と手段は適合しているかどうかを判断し、常に適切な応対を、問い続ける姿勢です。ビジネス倫理では、この部分が経営理念になり、常に経営理念に適合した行動規範を取るようにリードしていきます。そのときリーダーは、この問い続ける姿勢を保つためのスキルが必要となります。ビジネス倫理を定着させ、経営戦略は、次の時点で考えます。

　間違ったリーダーにつくと、とんでもないことが起こることがあります。歴史の中でも、数々の事例があります。特に倫理という心の中の価値観を問題にする場合、間違ったリーダーシップの怖さを知っておく必要があります。次に、事例を挙げて説明します。

(3) 間違ったリーダーシップ

　企業内でビジネス倫理が崩壊し、事件が起こる背景には、間違ったリーダーに従ってしまうことが時々あります。そのリーダーの個人的な強烈な偏った考え方で、悪い行動に誘導されてしまったのです。リーダーを信じてしまった人も悪いのですが、カリスマ性のあるリーダーは事実存在し、一度信じて行動をともにしてしまうと、なかなか事の本質に気が付かなくなるものです。わかりやすく説明するために、極端な例ですが、カルト集

団の事例で説明します。

　カルト集団は世間に多大な損害をもたらし、その組織に入ってしまった人の人生は大きく狂ってしまいます。間違ったリーダーシップによってもたらされた典型的な事件です。

　カルト集団からのアプローチの実態を簡単に説明します。あくまでも架空の話ですが、カルト集団の典型的な行動パターンを解説しているつもりです。

　勧誘のターゲットは、大学入学時や卒業時等の心に隙間ができているときに狙われます。はじめは、バレーボールやバスケットボール等のスポーツで軽く誘われます。次に、自己啓発セミナーといった名称で勧誘されます。洗脳の第一歩は、宗教に興味を持たせるために、この世の中で一番読まれている本は聖書、というようなことから始まることが多いのです。大学に入学して環境が変わり、友人ができていないとか、就職活動がうまくいっていないとかで、自分に自信がないときや自分の能力を磨きたいと考えているようなときに、その隙間を狙って勧誘してくるのです。

　また、その時の勧誘として極端なことを説明されることが多いです。例えば、就職活動がうまくいかないのは、自分自身の能力をまだ磨いていないからだといい、自己啓発セミナー（実態はカルト集団）への参加を勧めるのです。

　マザー・テレサ等の高名な宗教家のビデオを見ることから始めることが多いのも特徴で、誰もが尊敬する有名人のビデオに感動します。そのうちに教団の説明を交えてのビデオになり、次第に教団の教えに洗脳されていくのです。カルト教団とわかったとき（たいてい3か月後くらい）には、既に洗脳されかけています。

　次に、集団生活に誘われます。直接的に集団生活に誘われるわけではなく、2泊3日程度のセミナーへの参加（1万円程度）が一般的です。トレーニングといったいい方が多いようです。始まると、2泊3日で終わらずに、

さらに2週間（代金は約2.3万円）、そしてまたさらに2週間と、延長されます。そのころには、既に洗脳されているので、その代金約1か月間で4,5万円を支払っての参加になります。そうなってくると、次のセミナーの参加が当たり前に思えてきます。

次にやらされることは、布教活動の資金集めです。こうなると既に洗脳されているので、それが当たり前に感じられ、自分の行動に疑問を持たなくなってしまいます。高額な物を売っている展示会へ友人等の人を勧誘するようになります。同様に正体（カルト集団）を告げないで、人を勧誘します。街頭での偽ボランティア活動を行うこともあります。一軒一軒の住宅を個別訪問しての偽ボランティア集金をやらされることもあります。

一度入ってしまうと脱会することは難しく脱会するには、家族が受け皿となって、家族が一致団結し、洗脳を解いてあげる忍耐力が必要になります。一般的に、カルト集団は、家族との接触を断つように指導します。

洗脳のパターンは、以下の通りです。マインドコントロールとは、強制せずに、さも自分の意思で選択したかのように思わせながら、カルト集団の思いのままの行動につかせる技術をいいます。

- 別の要件で誘われます。自分がたくさんの中から選ばれたような感覚を持たせることもあります。人の希少性に対する習性を利用しています。ローボールの法則です。簡単にできる誘いには、ついていきやすいのです。

- 先入観をそれとなく頭に入れられます。著名人の言葉や映像を見せられることもあります。心理学の権威性の法則です。後で見せられるビデオ等の登場人物が偉い人に見えてくるようにできています。心理学の簡単な応用です。

- 難しい選択肢を出されて、簡単な選択肢を選択するように仕向けられます。人は、簡単な方に逃げる習性があります。また、ある行動を取り始めると、その行動に一貫性を持たせようと人は行動します。

この心理を利用して、次から次へと深みにはまらせていきます。コミットメントの一貫性といわれる矛盾しない行動を取ろうとする心理です。そして、他人行動に同調しようとする習性があります。心理学では合意性といいます。

- カルト集団（カルトと名乗っていませんが）への参加を一度決めてしまうと、その決めた決定に矛盾する行動がとりづらくなります。これも、人の心理学的習性を利用しています。コミットメントの一貫性と合意性を利用した心理の応用です。
- カルトで集団生活を始めると、何かしてもらった感覚になり、お返しをしたくなります。心理学の返報性の法則です。この頃には既に洗脳されているので、カルト集団に対して、その教祖に従う行動を取りたくなってしまうのです。

キーワードは、希少性、返報性、集団的無知、先入観による判断等です。心理学の初歩的な知識です。自分で判断していると思いながらも、実は巧みに誘導されていることに気が付くことが肝要です。

事例として、パトリシア・ハースト事件があります。この事件は、大富豪の孫娘が誘拐され、その後2か月間で洗脳させられ、過激派の手先として自分の意思で銀行強盗に参加し、逮捕された事件です。マインドコントロールされた事件として、歴史に残るものです。

事例 1　パトリシア・ハースト事件

パトリシア・ハースト事件とは、1974年にアメリカで起きた大富豪の孫娘の誘拐事件のことです。「ストックホルム症候群」の代表的な1例として挙げることができます。ストックホルム症候群は、精神医学用語の1つで、誘拐事件や監禁事件などの犯罪被害者が、犯人と

長時間過ごすことで、犯人に対して過度の同情・愛情や好意等、連帯感を抱くことをいいます。パトリシア・ハースト事件は、当時カリフォルニア大学バークレー校の学生だった19歳のパトリシア・ハーストが恋人と一緒に部屋にいたところを左翼の過激派2人組に連れ去られたことに端を発しています。過激派グループは、貧民に金や食料を提供する活動をしており、パトリシアを人質にとって日本円にして6億円を要求してきました。しかし両親と犯人との交渉は決裂します。その後、2か月後に同じ過激派グループが起こした銀行強盗事件の犯人の1人としてパトリシアが加わっていたことが判明します。パトリシア本人が、マスコミに過激派グループの一員であることを宣言するビデオテープを送りつけ、銀行の防犯カメラにも犯行中の彼女が映っていました。つまり、被害者であった彼女が加害者側である犯人の仲間となってしまったのです。誘拐事件が発生した翌年の1975年にパトリシアは逮捕されます。裁判が始まると、彼女と弁護団は、自分は過激派グループに洗脳されたのだと無罪を主張しましたが、罪の重さから有罪（懲役35年、嘆願書で懲役7年に短縮）となった後、大富豪一家の財力にものをいわせた保釈金（カーター大統領の特別恩赦と150万ドル）により釈放されました。パトリシアの犯した罪は許されるものではありませんが、彼女が自分を誘拐した過激派グループの1人に恋愛感情を持ってしまったことが、仲間になった原因であるため、パトリシア・ハースト事件はストックホルム症候群の関連事件と認識されています。

事例2　オウム真理教事件

　カルト集団で、宗教団体のオウム真理教が起こした神経ガスのサリンを使用した同時多発テロ事件です。1995年3月20日午前8時ごろ、

東京メトロ（営団地下鉄）丸ノ内線、日比谷線で各2編成、千代田線で1編成、計5編成の地下鉄車内で、化学兵器として使用される神経ガスサリンが散布され、乗客や駅員ら13人が死亡、負傷者数は約6,300人と多くの被害者が出ました。日本において、戦後最大級の無差別殺人行為であるとともに1994年に発生したテロ事件である松本サリン事件に続き、大都市で一般市民に対して化学兵器が使用された史上初のテロ事件として、全世界に衝撃を与えました。

　この事件は、高学歴（東大、慶大、京大等の出身者）の頭脳明晰な人たちが、カルト集団に入って洗脳されてしまったことが大きな問題です。人の心の問題として捉えることで、2度とこのような事件が起きないように、教訓として、記憶に留めておきましょう。

第III部
倫理行動規範の作成

第3章
ビジネス倫理推進の流れ

第Ⅲ部　倫理行動規範の作成

1 「倫理観を基にした経営実践計画」の推進

　価値観の概念を組織や経営手法に組み込むことは非常に大切です。その経営実践計画を推進するためのポイントは、次に挙げる7つの項目です。

　1・現状の実態を客観的に認識する

　2・社長の経営理念の周知徹底する

　3・一貫した倫理基準を作成し、倫理的行動規範を整備する

　4・意思疎通を行う仕組みを作り、組織に参画する風土を作る

　5・教育制度、支援制度を作る

　6・定期的に見直し、監査し、評価する

　7・修正と改善を常時行う

　しかし、本質を取り違えた形式だけでの価値観が組織や経営手法の中に内在してしまうと、かえって大きなリスクを抱えることもあるので注意が必要です。例えば、コスト削減という価値観のみが大きくなり、そのために安全管理という面でのコストまで削減しようとすることです。価値観と倫理観は異なるものです。同一の価値観を持たないと、正しい倫理観を持つことができません。この部分は、たくさんの具体的な事例や考え方の異なる人の対応パターンを学ぶことで、感覚的に理解する必要があります。

　価値観を組織に導入することに終わりはありません。また、倫理観に1つの解答はありません。価値観は時代とともに変わるものなので、倫理観とのバランスをよく考えながら対応することが大切になります。これはつまり、組織に価値観を植え付けることは組織文化や風土を変えることを意味します。組織に同一の価値観を持つようにして、正しい倫理的な行動を

取れるようにすることが大切になります。

それでは、先に挙げた7項目を詳しく見ていきましょう。

2 現状の実態を客観的に認識する

(1) 現状認識をする

　現状を認識することはとても大切です。それはビジネス倫理を考える上で基本となります。「認識」とは、昔からある認識論でいう哲学的な用語です。その中で「知識」とは、真であり（真理）、かつ、信じられている（信念）命題の部分集合です。これは紀元前の哲学者プラトンの考えに起源を持っています。つまり、真理でありかつ自己の信念と重なるものが知識です。認識は、経験と学習の融合から生まれます。古代からの哲学的な議論をするのではなく、昔から問われている問題だと理解してください。

　認識論で扱われる「問い」には、次のようなものがあります。
　① 人はどのようにして物事を正しく知ることができるのか。
　② 人はどのようにして物事について誤った考え方を抱くのか。
　③ ある考え方が正しいかどうかを確かめる方法があるか。
　④ 人間にとって不可知の領域はあるか。あるとしたら、どのような形で存在するのか。

　上記のような、あまりに哲学的な話になるとビジネス倫理がわかりにくくなるので、換言すれば、実態を知識として客観的に認識すること、ということです。例えば、スーパーの食品売り場で、傷んだ果物を隠すように

飾りつけた方がいいのか、脂身の多い肉を隠すようにパックした方がよいのか、事実は透明なラップ越しに見た通りです。表面的には良い商品に見えますが、実態は傷んでいたり脂身が多いため食べるところが少なかったりします。知識としては、隠すことによってその商品は売ることができるでしょう。しかし、経験としては、その行為を否定しています。それは、その商品を購入した消費者は、そのスーパーの展示方針（これが経営者の経営理念です）を隠すことだと理解して、安くても買わなくなってしまい、もしかしたら、このスーパーでは二度と購入しないことになるかもしれません。ビジネス倫理とは、この現状認識が非常に重要なのです。

(2) 自己評価をする

　自社の倫理観がどういうものなのかについて、はじめに調べる必要があります。出発点を特定しないことには、将来行き着く場所を決めることができないからです。自社の実態を客観的に認識するには、その第一歩として、自己評価、第三者による診断、従業員による目録作りが必要です。自社内にいかなる風土や組織リスクが存在するのかを確認し、何に対して注意しなければならないかを決定していくのです。

❶ 自己評価は誰が行うのか

　自己評価は、経営陣が徹底的に信念を持って行うことになります。その手始めは、外部コンサルタントに評価と分析を依頼することが一般的です。なぜなら、内部組織が自社の倫理観の評価を行っても客観的とは受け止められませんし、その結果が信頼できるとは思えないからです。外部のコンサルタントは、学術的な根拠のある独特な評価プロセスを持ち、その結果の解釈にも、社内の人間ではわからない特定のノウハウを持っています。このことが、第1回目の評価にあたっては特に大切な点になります。将来

的には内部的な調査や監査で改善できるようになりますが、第1回目の評価は、その後の評価の基準となることが多く、初回の評価の信頼性がぐらついていると、将来の調査が意味をなさなくなります。つまり、従業員が自由に自社の倫理観を話せないのであれば、それは自分が属する会社組織の調査に対して、懸念や不信感を抱いていることになります。真のリスクを特定するには、第三者の力が必要です。最低でも、組織から独立した専門の調査チームを組成すべきです。

　少し倫理の問題から離れますが、筆者が勤務していた銀行では、財務省検査、日本銀行検査、本部検査、支店内の組織同士の検査が行われていました。その中でも、やはり外部検査は大きな効果をもたらしていました。外部検査が行われるだけで、その検査が不正行為の抑止力になります。もちろん倫理面でも同様なことがいえると思います。有効な評価を行うということは、藪をたたき出し白日のもとにさらす調査を行い、普段やらないことや通常そこには触れないということまで暴き、リスクを探して外部にわかる形で示すことです。このような調査は嫌われるので、外部の者に任せることが最善です。内部の人間にはできませんし、通常の調査では問題点が発見できません。

❷ 自己評価をする対象

　次に何を対象に評価するのかを考えます。このことは、その企業が置かれている全体像から知るべきです。自社の組織内の独自ルールや暗黙の了解事項などは、外部要因によって発生していることもあるので、まずはその全体像をつかむことも必要になります。

　筆者が銀行員時代に、ある支店に異動となり最初に出勤したとき、始業が午前8時40分なので、その5分前に出社しました。すると、私以外の人は既に各自のデスクで仕事を始めていました。なぜこんなにも早く出社しているのかを先輩の総務係の女性にたずねると、この支店では男性は朝

8時には出勤して、大手新聞各社の新聞にすべて目を通し、支店長が15分頃に出社するのに対し挨拶をするのが慣習だと教えてくれました。銀行本部の人間には絶対にわからないルールです。また、厳密にいうと時間外手当が発生してもおかしくない状況です。でも、男性従業員は、会社の予算で購読している新聞を自由意思で読むために早く出社しているとも取れます。毎日の経済・社会情報は営業担当にとって絶対に必要なのですから。慣習とは、現場でしかわからないし、その慣習にもそれなりの理由があるものだからです。後で、営業担当として外回りになったときに、朝の新聞が営業面での話題作りに大きく役立つことがわかりました。理由はあるのです。しかし、就業規則等との整合性を取らなければならいことも忘れてはなりません。

　自己評価のときに何を調査するべきかについてみれば、会社内で起こることには、それなりの理由があります。そのために、経済環境や企業独特な慣習等も調べなければなりません。以下には会社内で調べる項目をリストにして挙げてみました。

① 対象となる企業の国内、海外の市場動向

　　市場は成長しているのか、縮小しているのか、社内で起きていることが要因になっていることがあります。

② 顧客調査

　　顧客の調査も必要です。従業員の行動の要因は顧客にあることがあります。顧客の認識が、企業に関する現実を作っているのです。

③ 競合関係の調査

　　競合状態が従業員の営業環境を構築します。企業が受容できる行動の限界が見えてきます。業界内で、暗黙知として行動を制限している事柄があるかもしれません。

④ 関連する法律

　　国内や海外における法律を調査します。国によって違法となる事柄

は異なります。また、法律ではなくても、行政指導や条例等の地域による現実的な決まりがあるときもあります。

⑤　分権化された方針調査

子会社や関連会社を含めて、会社内の組織ごとに組織行動を規定している経営方針や部内方針等を調べなければなりません。従業員は、小さな組織で分権化されているものでも、その組織に属している限り、企業全体の方針として有効と捉えていることが多いからです。企業全体の方針が一部の小さな組織内では、別の方針が徹底され、予想に反して共通認識が構築できていないことがあります。この部分は特に重要です。時代に合わない、コストに合わない、旧式の機械で通常の方針では機能しない等の現場でしかわからない理由が存在し、そのことが大きなリスクにつながることがあります。

❸ 自己評価をする目的

例えば、リスクの評価は、自社における様々なリスクの軽減のために行います。良い経営診断を行い、その背後にある要因を理解することは、次に挙げる目的がその理由です。目的を理解することで、その負担を軽減することや改善することの重大性を理解することができます。また、その対応策を迅速に進めることが可能となります。

① 将来のリスクを避けるため。リスクの大きな場所を知ることで、その対応策が構築されます。
② リスクの種類やそのターゲットが確認できれば、予防策が考案できます。
③ 明確なビジネス倫理の基準を従業員に対して提供できれば、将来の継続的な改善が期待できます。
④ 企業が企業全体のビジネス倫理を強化する方針が真剣であることを明示できます。

⑤ ビジネス倫理上の問題が発生している職場は、優秀な人材からそれを避けるために退職していきます。優秀で有能な人材は、誠実な価値観を持ち、従業員や顧客の意見を聞き、ビジネス倫理のしっかりとした企業で働くことを望んでいます。
⑥ 早期のリスク発見は、リスクが表面化した場合と比較して、その対応に掛かるコストが安く済みます。また、外部からの信頼も厚くなります。
⑦ 法的な側面から、リスクの早期発見は、経営陣を現実的に守ることになります。

　自己での経営診断は、経営幹部の完全な支援があってはじめて有効になります。役員だけでは機能しません。ライン組織やスタッフ組織の管理者が全員一丸となって、集中的に努力することが必要になります。外部の経営診断が経営幹部からインタビューを行い、その状況を他の指導的なポジションの幹部従業員に広げることが近道です。まず、効果的な自己評価は、その後のリスクの発見に大きく役立ちます。そして、経営幹部の法的な責任を確認することになります。

❹ 自己評価をする方法

　自己評価をするときには、すべての部署を対象に徹底的に行うべきです。中途半端な自己評価は、よからぬ噂を呼び、現場に混乱を招きます。同じ地域でも、本社と支店、工場と関係会社、正規従業員と派遣従業員等、現場の人間は異なる意見を持っています。時系列にも注意し、コストは掛かりますが、なるべく一斉に行いたいものです。
　自己評価を行う方法として、具体的には次のような方法があります。
　① 無作為抽出での１対１のインタビュー方式
　　この方式はコストと時間は掛かりますが、重要な結果が得られるこ

とが多いです。インタビューは、後日のフォローアップや当初予定していない重大な問題が見つかることがあります。質問は、「なぜそう感じるのか」「どうしてそう感じるのか」といった問題の本質を突くような質問形式が効果的です。この質問形式でのインタビューは、社外の専門家が行うことが効果を上げるポイントになります。従業員調査は、信頼できる専門家を十分に選別しなければなりません。社内の人間には、従業員は意見を話さないことが多いからです。訓練を受けた専門家を使うことは、集団の中で恥ずかしがってしまう人や、または本音を話すことによってトラブルに巻き込まれることを避ける人から、正確な回答を引き出すことができます。このインタビューは、全社的な倫理行動を策定するための第一歩となります。会社は自社の実情に合った長期的な倫理プログラムを作らなければなりません。その上で必須の手段になります。

② データの数量化

その結果を数値化し、時系列で追跡する必要があります。そして、発生が予想されるリスクを特定分野で確認することできます。その中で従業員がどのような考え方に立脚してビジネス行動を受容しているのかを見極めるのです。

③ 問題点を明示

外部のコンサルタントにせよ、社内の診断チームにせよ、地域や国ごとの文化的な違いを理解する必要があります。そして、相互の意見を尊重しながら、同じ意味の質問をしなければならないのです。倫理的な風土を評価することは、容易ではありません。組織上、経営上の仕事の方法や指令の伝え方、そしてそれが、どのような影響を与えるかを示さなければなりません。分析結果の背後にある事情を推察して、理解する必要があります。その中に、ビジネス倫理規範を策定するヒントが隠れています。

④ 評価の流れと倫理行動規範策定までの流れ

自己評価診断で仕事のやり方の基本的な考え方を見つけます。問題点が判明した後は、一般的な解決プログラムを策定し、行動に移します。

評価の流れは以下の通りです。

- 環境を調査する
- 業務処理プロセスと従業員の対応活動を知る
- 脆弱な部分を発見し、それに順位を付ける
- 取るべき行動を組織化する
- 責任を明確にする
- 実行プログラムを策定する
- フォローアップする

3 社長の経営理念を周知徹底する

(1) 経営トップの役割

　倫理規範を制定するプログラムを成功させるためには、経営トップが明瞭な意思決定をし、その経営理念を外部に公表し、明確な方法で推進を約束するものでなければなりません。中途半端なものでは、かえって社内に混乱を招くことがあります。

　経営トップが行う理由は、組織内の意思決定をするのが最終的に経営トップになるからです。取締役会も重要ですが、社長が持つリーダーとしての力量が最も重要になります。経営トップは、法令を順守すること、利益を上げること、組織構築を計画すること、自社商品の市場戦略を練ること、従業員の待遇を決めること等、すべて意思決定に関わります。その中に倫理的配慮を組み入れるわけですから、すべての決定権を持つ経営トップ（社長）の経営理念を周知徹底することが大事になります。

　経営トップは、最終的な目標を経営理念として設定する必要があります。そしてその実現のために、経営トップは行動しなければなりません。現実的には経営トップを含めた経営陣が行動します。そうすることで、経営理念に沿った価値観と行動が、伝播していきます。その経営陣の行動こそが、その組織内の従業員に影響を与えていくからです。些細なことでも、その組織に驚くべきスピードで影響を与えます。例えば、経営悪化にコスト削減で経営を立て直す場合には、まず、経営陣が飛行機のファーストクラスや新幹線のグリーン車の利用をやめたり、ハイヤーやタクシー等の利用を公共交通機関に切り替えるだけで、組織内の従業員は直ちにその決定に従うものです。また、残業をやめて早帰りすることの習慣をつけるには、組

織の長がまず実行しなければ、部下はその様子を見ているだけで早帰りは実現しません。実際に組織の長が早く帰ることや朝の出社時間を守る（早く出社しすぎない）ことで、従業員が安心して時間の設定ができるようになります。

（2）経営陣（取締役会）の重要性

　経営トップの経営理念の実現のためにはその行動が重要なことは既に述べました。次に経営の意思決定を実際に行い、各組織の行動を司る取締役会の重要性を見ていきます。

　取締役会は、通常、毎月定例的に開催され取締役と監査役が出席します。そこで経営全般の意思決定がなされます。そこでは企業組織の各部署の担当取締役が集まっているわけですから、その企業の倫理的な企業文化形成に賛同し、その理念に沿った行動をとることが第一歩となります。

　全社的に共通の価値観を広げるためには、取締役会の協力が必須です。具体的には、取締役会で倫理プログラムの進行状況を報告することを各部署の担当取締役に課しておけば、既存の社内の倫理文化に代えて、新たな経営理念に沿った倫理的価値観が自然と広がります。そのためには、取締役自体が倫理観の高い誠実な人物で構成されていなければなりません。実際に、取締役は激しい出世競争を勝ち残ってきたので有能な人たちが多いのですが、それは必ずしもすべての取締役が誠実な人間であるということにはなりません。利益を優先する人もいれば、売上高を最優先で考える人もいます。企業が成長するため、従来型の組織では、それでよかったかもしれません。しかし、実際に企業内に不祥事が発生し、その解決と今後の発生をなくすための改革を実行するためには、外部からこの倫理プログラムを実行できる名声を持つ取締役を招くことが近道になります。具体的には、取締役会において、リスクをなくすための全社的な行動としての倫理

規範設定プログラムを決議し、その実施と定着のための担当取締役（外部の人が最善です）を任命することです。現実的には、株主総会での選任が必要な取締役でなくても、取締役会で任命した地位の高い職責を持つ者でも構いません。組織によっては、内部監査室にその権限を重ねている場合もあります。

　取締役会では、経営倫理規範や組織内の価値観について、取締役全員が理解し、同意した内容を決議しているので、その実行を倫理責任者や内部監査室に委任する形になります。この倫理プログラム実行責任者は、次に挙げるような人が理想的です。こういった倫理担当を置くことや部署があることで、社内の組織が構築されていきます。

- 社内では取締役に次ぐ高い地位であること
- 取締役会や監査役と制約なしに、いつでもコンタクトが取れること
- 取締役会メンバーをはじめ、広く社会から信頼を得ている人
- 社内情報を収集し、倫理面でも調査を実行できる人
- できれば過去に経験があり、コンプライアンスの知識を持つ人

　ここで大切なことは、ビジネスのリーダーと倫理のリーダーは異なることです。倫理プログラムを実行し定着させるためには、リーダーシップがあるだけではだめです。有能さの中に誠実さを持った倫理観の高い人、つまり単純な意味でのリーダーではなくて、倫理的なリーダーが必要となります。企業内に倫理的な価値観を定着させるには、強制してはいけません。自由な選択の中で自然と価値観を共有することが大切になります。自由を伴わない倫理は倫理でないのです。従業員は、リーダーが求める行動に反応し、追随し、リーダーを信じることで動機づけされることが必要になります。つまり、倫理のリーダーは、従業員、顧客、取引先、地域社会、行政機関等と人間関係を構築でき、より広い意味での合意を取り付けられる人が最善です。

後述しますが、倫理プログラムの定着には、「リーダー」や「動機づけ」に対しての認識が大切になります。

(3) 部下との信頼関係がプログラム定着のカギ

　取締役会メンバー（取締役と監査役）や倫理のリーダーは、部下への信頼が必要です。従業員へ価値観を追随させるには、双方の信頼関係が絶対条件になります。相互の信頼関係が構築できていないと新たな価値観は定着しません。不祥事が起きている場合は特に、従業員には正しい理由とともに、正しいやり方を明確に示し、正しいということが何なのかをはっきりさせなければなりません。相互信頼の枠組みの中ではじめて、価値観を基にした経営が成功します。一時的な強制で、一旦は問題が解決することもありますが、それでは根本的な解決を先送りしただけで、後日より大きな問題が発生することになります。例えば、些細な水漏れ、ガス漏れを一時的な修理で抑えても、背後にある大きなリスクに気が付かないと大事故が引き起こされます。徹底的な原因究明を行うことが予防措置となり、大事故は回避されるのです。倫理のリーダーとその部下との間での失敗は、相互の信頼感が崩れたときに起きます。

　倫理プログラムの設定に失敗する事由として、次のようなことが挙げられます。

- リーダーが、倫理的に物事を見る目をもともと持っていない。部下との相互関係から取りうる最善の行動を考え抜くことができない。
- 実際に業績ばかり追い、倫理観との非整合性を認識していない。つまり、数値的な目標を最優先で捉えており、背後にある価値観の相違による倫理的な問題に目を向けることができない。
- 倫理的に賛同できる行動を取るように指示するが、その倫理的な考え方を具体的に表現することができない。倫理的価値観の重要性を

説明できない。また、黙ってしまう。
- 価値観となすべき行動を結び付けることができない。失敗や結果を恐れて、身動きできない状態でいる。
- 言うこととやることが異なる。いわゆる偽善者で、実際には倫理プログラムに賛同しておらず、自分自身では行動しない。
- 会社と家庭で全く異なった価値観で行動する。精神の奥深い本質的なところで、理解できていない。
- 倫理的な価値観から発生する問題など起こらないと信じている。自分も悪いことをしないので、他の人たちも悪いことをしないと信じ込んでいる。このような根拠のない楽観主義者は、リスクマネジメントでは一番怖い存在である。

倫理規範のプログラムの実行と定着は、実際に経営トップが決断してはじめて動き始めます。経営トップが決断し、それを取締役会で決議し、役員（取締役と監査役）の同意を取り付け、継続的にその活動を報告する形で外部に明示することが必要になります。経営会議でも、各組織の部署の責任者にその活動報告を継続的にさせます。上層部自らの行動が、部下の価値観を変え、倫理規範のプログラムは組織に定着していくのです。

第Ⅲ部　倫理行動規範の作成

4 一貫した倫理基準を作成し、倫理的行動規範を整備する

(1) 倫理行動規範の策定

　ビジネス倫理を企業に定着させるためには、企業が永続でき、安定した成長を維持できる、顧客や従業員を大切にする基本的な価値観を根付かせることが大切です。そのためには、正しい価値観を基にした文書による倫理行動規範を整備しなければなりません。従業員にとってはその倫理行動規範に基づいて行動することで、組織に倫理観を広げることができます。

　倫理行動規範は、経営トップと従業員との約束事になります。また、利害関係者（ステークホルダー）は、それを見ることで経営スタンスを知ることができます。例えば、取引先からは、従業員の日々の活動の業務遂行基準を見て取ることができるようになります。地域社会からは、企業という組織体が、どういった価値観を持って経営にあたっているかをうかがい知る資料になります。つまり、この倫理行動規範の対象は、従業員が中心となりますが、従業員だけではなく、株主、取引先、顧客、行政、マスコミ等のメディア、競合相手等もこの規範を見ることになるのです。

(2) 形式と内容

　倫理行動規範の形式には、いろいろなものがあります。最も簡単なものとしては、自社の関連する分野のみに限っての行動ルールを定めたものだけというのもあります。また、Q&A形式で作成され、従業員から想定される質問に答えるものもあります。単純なものの内容は、贈収賄、談合、

利益相反、会計処理、贈り物の授受、交通費の精算等で、通常の業務上で不正行為を防止するもので、全社的な経営の倫理方針を徹底するというよりも、マニュアルとしての手続き的なもので終わっています。これでは意味がありません。別の例では、企業の全社的な目標や責任、企業理念や価値観を表す信条などを、一般的に述べているものが多いです。このような具体的な行動に関する記述がないものは、あいまいな内容のものが多く、その反面応用が利くといえます。行動ルールを具体的に記すと、それ以外なら何でもやっていいと考える人もいるからです。双方をバランスよく書かなければならないでしょう。

行動規範内容の書き方は、一般的な法律のような考え方で、やってはいけないことをすべて書きあげているようなものではいけません。非倫理的な行動をリストアップすべきではないのです。倫理のすべてにいえることですが、経営倫理は、個人の判断と考え方で決まるものです。白黒をはっきりとつけるものではないのです。必ずグレーの部分があります。時と場合によっては、全く逆のことが起こることがあるのです。経営者や従業員、つまり企業内の全員が、倫理的な意思決定をする前に、考えなければならない原則的な要素を含んだものが最善です。原則主義で、そのときに置かれた環境によって、判断する大きな基準となる信条等を含んでいればよいことになります。

具体的に、倫理行動規範を作成する上で重要なポイントを挙げておきます。
- 目的の明確化：経営トップの理念として、はっきりと目的を表示する。
- 常に最新の法令に遵守した内容に維持する。
- 簡潔に、わかりやすい言葉で、誰にでもわかる形で書く。
- 企業内のすべての組織から支持されるように、情報や提案を受け入れる体制を入れる。
- 経済、社会情勢の変化に対する行動指針の変化に応答する双方向性を入れる。

- 常に従業員に使われることを意識する。

倫理行動規範の事例

現在、多くの大手企業では倫理行動規範を作成しています。そして、それは簡単にインターネットで見ることができます。その中でいくつか例を挙げて見ていきましょう。全部を載せることはできませんが、目次から全体像を把握することができます。

以下の事例は、パナソニックのホームページから引用・転載したものです。日本を代表するグローバル企業で第1章の基本理念以外は省略しますが、経営の基本理念をはっきりと示し、わかりやすい内容になっています。

倫理行動規範の事例1　パナソニックの行動基準

「行動基準」

「行動基準」は、経営理念実践の指針を、わかりやすく具体的に表現したものです。

当社の行動基準は1992年に最初に制定され、以降2回の改定を経た後、2008年10月1日、社名変更・ブランド統一を機に「パナソニック行動基準」として改定されました。本改定では、Panasonicブランドの目指す姿と企業の社会的責任（CSR）に関する社会の要請に対する当社の基本姿勢につき、全社員でのグローバルな共有が図られています。

パナソニック行動基準目次
適用　等
第1章 私たちの基本理念

・基本は経営理念

　私たちは、経営理念に基づき事業を進めてきました。経営理念とは、事業の目的と事業活動の基本的な考え方であり、「綱領」「信条」「私たちの遵奉すべき精神」に力強く簡潔に表現されています。経営理念に基づき仕事を進めることは、時代の推移、事業規模・事業内容の変化にかかわらず不変です。

・価値創造による社会貢献

　私たちは、社会から「人・物・金・情報」をはじめとする貴重な資源を預かり、新たな価値を付加して商品やサービスを生み出し、世界の人々に広くご利用いただくことによって事業を営んでいます。

　この営みにおいて、まず重要なことは、創造性と勤勉性を発揮し、「新たな価値の創造によって持続可能な社会の発展に貢献する」ということです。これが私たちの事業の意義であり、使命でもあります。

・社会との密接なつながり

　あわせて重要なことは、事業は社会と密接にかかわっており、社会の発展を担うとともに、同時に社会から育まれている、ということです。お客様はもちろんのこと、株主・お取引先・従業員・地域社会など、数多くのステークホルダーの有形無形のご協力とご支援があってはじめて事業は成り立ちます。また、私たちの事業活動は、経済・社会・環境のさまざまな側面でこれらの方々に影響を及ぼします。

・企業は社会の公器

　その意味では、私たちの会社は私企業であっても、事業には社会的責任があります。

　私たちは、「企業は社会の公器」との理念のもと、その責任を自覚

し全うしなければなりません。さらに、さまざまなステークホルダーとの対話を通じて、透明性の高い事業活動を心がけ、そして説明責任を果たします。そのために、私たちは、常に公正かつ正直な行動をスピーディーに行うよう努めます。

• 地球環境はかけがえのないもの

　私たち人類にとって、地球環境はかけがえのないものです。私たちの事業活動は、資源やエネルギーはもちろんのこと、さまざまな点で地球から多大なる恩恵を受けています。

　これを念頭に、私たちは、地球環境をより良い状態で次世代に引き継ぐための活動を、自主的かつ積極的に行います。

• グローバルな視野と行動

　全世界に事業を展開しているグローバル企業として、私たちは、人権を尊重し、各国・各地域において法令を順守するとともに、文化・宗教・価値観などを正しく理解・認識することに努め、それらに対し敬意をもって接し、誠実に行動します。

• 経営理念の実践

　今日、企業の社会的責任や企業倫理が従来にも増して重要になっています。

　この行動基準は、経営理念を実践するため、各国・各地域における事業活動のそれぞれの場面において私たちが順守すべき基準ですが、必ずしもすべての行動を網羅するものではありません。この行動基準に定められていないものについては、経営理念に立ち返り、その本質に照らして、行動することが大切です。

第2章 事業活動の推進

I-1. 研究開発

I-2. 調達

I-3. 生産

I-4. 営業

I-5. 広報・宣伝

II-1. 地球環境との共存

II-2. 商品の安全

II-3. 法令と企業倫理の順守

II-4. 情報の活用と管理

II-5. ディスクロージャー（情報開示）

II-6. 企業市民活動

III. ブランド

第3章 会社と従業員とのかかわり

倫理行動規範の事例2　雪印メグミルク

　雪印乳業集団食中毒事件を2000年に起こし、現在は雪印メグミルクとなっている行動基準を載せます。しっかりと要点を捉えている立派なものです。少し長くなりますが、不祥事後に作成されたもので、参考になると思います。以下は雪印メグミルクのHPから引用・転載したものです。

雪印メグミルクグループ　行動規範
　私たち、雪印メグミルクは、社会に対して果していくべき自らの責任を自覚し、社会とともに成長していくことができるように、以下の通り行動いたします。

1．私たちを取りまく全ての人たちの気持ちを大切にし、誰からも信頼されるように行動します。
2．品質管理を徹底し、安全で良質な商品・サービスを提供します。
3．コンプライアンスを徹底し、公正で透明性のある企業活動を行います。
4．会社の財産および情報の保全・管理を徹底するとともに、第三者の権利を尊重します。
5．企業活動を通じて、社会貢献と環境保全に取り組みます。
6．自由と革新にあふれた企業風土を構築し、安全で働きがいのある職場環境をつくります。

雪印メグミルク　行動基準
1．「雪印メグミルク行動基準」の基本的な考え方
2．お客様・消費者に対する行動
3．雪印メグミルクにかかわる皆様に対する行動
4．社会に対する行動
5．社内における行動
6．「雪印メグミルク行動基準」の実践と運用

1．「雪印メグミルク行動基準」の基本的な考え方

　私たちは、企業活動において、法令・社内規定や企業倫理などを遵守し、誠実に業務を行ないます。

　私たちは、役員・従業員の一人ひとりが業務を行なう際に守るべき行動の基準を「雪印メグミルク行動基準」として定めました。

　「雪印メグミルク行動基準」に基づく行動が企業活動の基本です。

　この行動基準を日常の業務において実践し、社会から信頼を得ることが重要であると確信しています。

また、CSRの取組みにおいてもこの行動基準を基本に実践し、雪印メグミルクの企業としての社会的な役割と責任を果たします。
　私たちは、全員が雪印メグミルクの一員であることに誇りを持ち、またその責任を自覚し、公正で透明性のある企業活動を実践します。

2．お客様・消費者に対する行動
(1) お客様・消費者に対する姿勢
　私たちは、消費者基本法に基づく「消費者の権利」と「事業者の責務」を認識し、自分自身が会社を代表しているという自覚を持って行動します。

(2) 安全で良質な商品の提供
　私たちは、食の責任を強く認識し、「安全で安心して食べていただける良質な商品をお届けする」ために、雪印メグミルク品質保証システムに則り適切な衛生管理を行ない、一人ひとりが品質保証活動を推進します。

(3) お客様・消費者にわかりやすい商品表示の実施
　私たちは、お客様・消費者が商品を選択する際の重要な情報源である商品表示に関して、関係法令を遵守し、任意表示に関しても、お客様・消費者にわかりやすく、誤解や誤認を与えない表示を実施します。

(4) お客様・消費者に対する適切な情報の提供
　私たちは、食の安全や商品に関する正しい知識、商品事故が発生した場合の内容など、お客様・消費者が求める情報を、積極的かつ正確・迅速に提供します。

(5)「お客様・消費者の声」の傾聴と誠実な対応

　私たちは、「お客様・消費者の声」を傾聴し、その声に真摯に向き合います。また、お客様・消費者からのお申出については、その内容を正確に把握し、誠意をもって迅速かつ適切に対応します。

(6) 商品事故への迅速かつ適切な対応

　私たちは、万が一、提供した商品に事故が発生した場合は、お客様・消費者の安全を最優先に考え、事故の拡大を防ぎ、被害を最小限にとどめることができるよう、危機管理体制を整備し、迅速かつ適切に対応します。

3．雪印メグミルクにかかわる皆様に対する行動

(1) 酪農生産者に対する姿勢

　私たちは、酪農について学び、良きパートナーである酪農生産者とお互いに理解しあい、信頼関係を深めながら、ともに発展することを目指します。

(2) 取引先との公正な取引の推進

　私たちは、商品の流通・販売や原材料の供給などの、すべての取引先に対して、お互いに対等な立場で信頼関係を維持し、公正な取引を推進します。

(3) 取引先への節度ある対応

　私たちは、業務上のコミュニケーションを通じて取引先との信頼関係を構築し、私的な利益となるものは受け取りません。接待・贈答の基本的姿勢としては、節度と良識をもって行なうものとし、過度のものは自粛します。

(4) 市場取引ルールの遵守

　私たちは、広告や宣伝などにおいて、競合会社をはじめとして他社の商品やサービスの誹謗中傷は行ないません。公正、透明かつ自由な競争に基づく企業活動を行ない、すべてのステークホルダーに信頼されるように努めます。

(5) 株主に対する姿勢

　私たちは、雪印メグミルクを支えて頂いている株主の期待と信頼に応えるために、健全な経営を進め、企業価値を高め、継続的に利益を還元できる会社を目指します。

(6) 企業情報の積極的開示

　私たちは、お客様・消費者、株主をはじめとするすべてのステークホルダーの信頼が得られるように、正確な企業情報を適時に開示し、透明性のある経営を実践します。
　また、CSR の取組みについても、ホームページや活動報告書などを通じて積極的に公開します。

(7) 行政機関との関係

　私たちは、公務員およびこれに準ずる立場にある役職員に対しては、もたれ合いや癒着と受け取られることのないように、関係する法令とその趣旨を守り、透明度の高い関係を保つように適切に行動します。

4．社会に対する行動
(1) 環境保全活動の実践

　私たちは、環境方針に基づき目的・目標を定め、環境保全活動を推進します。

企業活動に必要な資源やエネルギーを大切にし、廃棄物の削減とリサイクル・リユースを推進することで環境負荷の継続的低減を図ります。
　また、一人ひとりが環境教育に積極的に参加し、環境に関する情報や法令などについて理解を深めます。

(2) 社会への貢献
　私たちは、「乳（ミルク）」にかかわる事業を通じて、豊かで健康な食生活に貢献します。安全で安心していただける商品をお届けすることはもとより、食の大切さを伝えるために、様々な機会を通して当社ならではの「食育」活動を展開します。また、スポーツ活動や文化活動などにも積極的に取り組みます。

(3) 地域社会との交流促進
　私たちは、良き企業市民として、すべての事業所において、工場見学の実施や地域行事への積極的参加などにより、近隣の皆様をはじめとする多くの人とふれあい、コミュニケーションを図ることで、信頼の絆づくりと地域の活性化に貢献します。

(4) 反社会的勢力に対する対応
　私たちは、市民社会の秩序や安全に脅威を与える反社会的勢力および団体に対しては、毅然とした態度で対応します。どのような名目であっても利益や役務の供与は行ないません。

(5) 国際社会との関係
　私たちは、関係する諸外国・地域において、それぞれの法令などを遵守するとともに、人権を含む国際規範や現地の文化・習慣を尊重しながら、健全な企業活動を行なうように努めます。

5．社内における行動

(1) 品質保証活動の推進と問題発生時の対応

　私たちは、商品の安全を最優先し、品質保証活動を推進します。万が一、商品に問題があることがわかった場合は、迅速かつ正確にその事実を報告し、問題解決に向け適切な処置を講じます。また、問題の発生原因を究明し、再発防止を図ります。

(2)「食の責任を強く認識し、果たしていくことを誓う日の活動」の継続

　私たちは、雪印の事件を風化させることなく、常に本質的問題を認識し、「食の安全」「企業倫理」の徹底を体質化していくために「食の責任を強く認識し、果たしていくことを誓う日の活動」を継続していきます。

(3) 良好な人間関係

　私たちは、お互いの個性を尊重し、相手の意見に耳を傾け、双方向の意思疎通を図りながら、お互いに認め合い、助け合い、高め合える人間関係をつくるように努めます。

(4) 働きがいのある企業風土

　雪印メグミルクは、透明性のある人事評価基準による公平で公正な処遇を行なうこと、「学ぶ機会」「チャレンジする機会」を提供することで、働きがいのある企業風土を醸成します。また、従業員の安全と健康に配慮した環境の良い職場づくりに努めます。

(5) 人権の尊重

　私たちは、基本的人権を尊重し、国籍・人種・性別・宗教・思想な

どの違いによる嫌がらせや不当な差別は決して行ないません。また、個人のプライバシーを尊重します。

　相手にとって不快な言動およびあらゆるハラスメントは行ないません。そして、他人がすることも許しません。

(6) 会社情報の管理

　私たちは、会社の定める規定に基づき適正に情報を管理運用します。特に、個人情報をはじめとする機密情報に関しては、業務に関してのみ使用し、外部への流出、紛失および改ざんなどがないように厳重に管理します。

(7) インサイダー取引の禁止

　私たちは、業務上知り得た未公表情報を利用して、自己または第三者の利益のためにインサイダー取引およびその疑いを持たれるような行為は行ないません。

(8) 会社資産の保全と活用

　私たちは、会社の資産を大切に扱い、最大限に効率よく活用します。また、どんな小さな資産であっても私物化しません。

(9) 知的財産権の尊重

　私たちは、知的財産が会社の重要な資産であることを認識し、その保護に万全を期すとともに、他者の知的財産権も尊重します。

(10) 緊急事態への対応

　私たちは、火災や天災、工場の事故などの緊急事態が発生した場合は、人命を最優先に考え、社内規定に基づいて行動し、被害を最小限

にとどめことができるように努めます。

6.「雪印メグミルク行動基準」の実践と運用
(1)「雪印メグミルク行動基準」の定着・徹底
　私たちは、CSR委員会の定める「雪印メグミルクCSR推進体制」に則り、各CSRリーダーが推進役となり、CSRグループ活動などを通して、役員・従業員の一人ひとりが主体的に「雪印メグミルク行動基準」の定着・徹底に継続的に取り組みます。

(2)「雪印メグミルク行動基準」を逸脱した場合の対応
　私たちは、社内で「雪印メグミルク行動基準」を逸脱したり、逸脱している懸念がある場合は、見過ごさず、上司や同僚に相談するなど、問題解決に向け行動します。
　もし、職場内での解決が困難と感じた場合は、雪印メグホットライン・社外（弁護士）ホットラインに相談・連絡し、ホットライン事務局は誠意をもって適切に対応します。
　「雪印メグミルク行動基準」を逸脱した場合は、社内規定に基づき応分の処分を受けます。

　2社の事例を挙げましたが、大切なことはその引用です。両社とも経営トップのコミットメントがあり、共通の価値観を強める内容になっています。どんな内容が盛り込まれるにせよ、従業員が日々決定する難しい倫理上の判断は、倫理行動規範に書かれている価値観に基づいて行うように認識させるべきなのです。その行動に、従業員は当然に責任を負います。そのことを知っていなければなりません。企業活動の誠実さは、従業員個人の誠実さに依存することを、倫理行動規範によって、明確に知らしめることが大切です。

第Ⅲ部　倫理行動規範の作成

5 意思疎通を行う仕組みを作り、組織に参画する風土を作る

　企業内で意思疎通を図るためには、そのための仕組み作りが必要になります。まず、倫理行動規範を策定し、企業内での価値観を揃える価値観プログラムを実行します。そして、その後も絶えず周知徹底を繰り返さなければいけません。企業の最前線で倫理規範が維持されるには、常にこの周知徹底が必要なのです。

　周知徹底には次に挙げるような手段がありますが、大事なことはその価値観を強調しすぎることはないので、機会あるごとに経営トップの発言をはじめ、取締役会や一般的な会議、その他のビジネスのあらゆる場面で倫理規範に触れ、言及すべきなのです。

（1）周知徹底の手段

❶　会議や朝礼等の場での徹底

　意見や情報が組織内に伝達される過程で、ビジネス倫理がごく自然な形で溶け込んでいく環境を整えます。そのためには、情報が集まる会議や朝礼等の場で、繰り返して効率的に、価値観を伝達すべきです。意識して行わないと、意見や情報は、簡単には正確に伝達されません。

　例えば、資金繰りに苦しんでいる会社が、コスト削減のための節約を推進することを考えます。この単純なことでも、ある人は、「予算金額を超えるな」と受け止めるかもしれません。また、他の人は、「とにかくすべての大口の出費を止めろ」と受け止めるかもしれません。価値観は人それぞれ異なるので、定着するまでは、共通した意思疎通が行われているかテ

ストを繰り返す必要があります。

❷ 例示することで対応力が養われる

　法令遵守と異なり、倫理規範はある程度の広がりを持ち、従業員が自らの責任において、自由に決められるものです。つまり、従業員はリスクを取って、倫理行動規範の範囲内で、責任を感じながら行動することを好みます。それが働きがいに通じます。その決定が倫理行動規範内であれば、経営者は、従業員を守ってあげるべきです。後ろ盾になって、責任を一緒に被るのです。そういったことを反復継続すると信頼関係が生まれ、倫理行動規範の範囲が明確になっていきます。

　例えば、「営業所の電話やトイレを一般顧客へ使用させてはならない」と決めてあるとします。警備上、保安上、コスト面から総合的な判断から決めたことです。しかし、子供連れの顧客が子供が急病のため、電話で救急車を呼びたいとき、また、高齢者が体調不良でトイレを使いたいと申し出があったとき、どう対応したらよいでしょうか。現場の判断に任せた方が、良いときがあります。マニュアル通りにはいきません。こういったときの対応を例示することで、緊急時の対応力が養われていきます。ビジネス倫理は、緊急時やイレギュラーなことが起きたときに、問題になることが多いのです。

❸ 多くの手段を使って行う

　以下に示すようないろいろな方法で、機会あるごとに周知徹底します。会社の倫理行動規範は、完全ではありません。また、絶えず外部からの競争にさらされています。そういったことを明示することで、従業員に倫理を認知させ、共通の価値観を持って、一致団結して強固な倫理観を作り上げていきます。

- 経営トップが直接メッセージを発する

従業員全員が集まるような場においては、必ずメッセージを発します。直接メッセージを発することが物理的に難しい場合は、インターネットを使ったビデオメッセージやメールや手紙でもよいと思います。とにかく、社長が直接メッセージを発している姿を見せることが重要です。

- 小冊子を配布

できれば挿絵やイメージのイラスト、客観的に数値化できるものはその数字を表やグラフにしてわかりやすく表示した冊子です。内容は、倫理行動規範の文章と代表的なQ&Aを30ページ程度にまとめたものがよいでしょう。30分程度で全体に目を通せるものが効果的です。

- 倫理に関する案内電話番号とメールアドレスの配布

いつでも自由に質問できる状況を作ります。そのために、携帯できる名刺大のカードを配布します。従業員が問題に直面したときに、自由に質問できることで、従業員は、自らの価値観と企業倫理をすり合わせすることができます。

- 研修を行う

役員や従業員を対象に研修会を開きます。研修会を行い、その場で倫理問題の資料や倫理規範を配布し、説明します。そして、その内容を理解したことを確認したという記録を残します。簡単な確認書でよいでしょう。そうすることで、従業員に、これは会社と従業員自身の重大な契約なのだという認識が生まれます。

❹ 倫理プログラムを実施する目的を意識する

倫理行動規範はなぜ必要なのか。なぜ、倫理プログラムが実施されているのか。その原因は何だったのか。従来の価値観を捨て、新たな価値観を共有するように価値観プログラムが設計されたのはなぜなのか。倫理プログラムの目的を意識することは、共通した倫理観を持つ重要性を常に意識

し、また、再認識することにつながります。

❺ 沈黙させないで対話を促す

対話を促すために、電話やメールは、匿名でも受け付けるようにします。とにかく双方向性を維持し、沈黙させない、沈黙しないことです。質問や相談は、従業員からのメッセージと捉えることができます。問題が発生しているから、質問がきます。また、価値観が分かれているから、相談がきます。対話することで、価値観の共有が進展していきます。

❻ 好事例を開示する

企業内で実際に起きた事例を紹介することで、倫理行動規範の中の価値観を明瞭に示すことができます。正しい倫理判断をした従業員を表彰してもよいでしょう。社内報に載せたり、ホームページ上で開示したりすることで、価値観の共有が進みます。

❼ 悪い情報でも提供しやすい環境を維持する

組織は人間の集まりであり、完璧なものではありません。業績重視の経営スタイルが行き過ぎて、誠実さを妥協してでも利益を達成する文化が生まれてしまった場合、その行き過ぎた情報を広く全体に共有する仕組みが必要になります。特に、上層部の取締役等が、関与しているときは、その非誠実な事実を隠そうとするからです。また、何もしない不作為の状態を作ってしまうことも問題です。消費者に直接損害を与える可能性がある場合は、マスコミを通じて、その情報を開示するべきです。

第Ⅲ部　倫理行動規範の作成

6 教育制度、支援制度を作る

(1) 教育研修とは何か

　倫理学は難しく、複雑な倫理的判断をどのように行うかを、はじめから本能的に知っている人はいません。また、当初の情報入手から、そのときの行動を決定し、結果に至るまでの過程を思い描ける人もほとんどいません。倫理の重要性を熟知し、通常業務で遭遇する問題に関する価値観を従業員同士で共有し、考え方をすり合わせていくことが求められます。そのために研修プログラムが作られています。

　教育研修とは、訓練ではなく、もっと広い意味で受け止め、広範囲に亘っての問題解決方法を教え、導くことです。標準型を示すことで、ある程度のあるべき姿は見えてきます。組織の価値観を定着させるには、従業員がなすべきことを、従業員同士が議論しあうことです。

　価値観は多様なので、共通の価値観を創造していくには、それぞれの立場や意見を率直に話し合う必要があるのです。

(2) 教育研修の目的

　複雑な倫理的な判断は、教育なくして構築できません。なぜなら、習慣の異なる従業員が集まって組織が作られています。裕福な家に生まれ育った人、そうでない人、離婚や死別で家庭が崩壊した環境で育った人、高等教育を受けたことがない人、宗教に触れたことがない人、留学で様々な文化に接した人、いろいろな人たちがいます。そこに、世代や人種的な価値観が加わります。何の教育もしないで、統一的な価値観を共有し、顧客の

ニーズに応えることは困難なのです。

　日本の法律（刑法）は、罪刑法定主義で、法令の条文にないことで刑罰を受けることはありません。「してはいけない」ことを明確にしています。そして、裁判所が積み重ねた判例によって、法律に触れる範囲が次第に決まっていきます。倫理には、そういった明文化されたものはありません。倫理行動規範は作成しますが、これはあくまでも指針となるもので、罰則はなく、強制力もありません。それでも、企業が安定して、顧客とともに成長していくためには、共通の価値観が必要になります。

　そのため、倫理の教育研修は「こうしてはいけない」という研修ではいけません。法的な命令口調を超えて、共通の価値観に沿って「こうしよう」という研修スタイルを主流にすべきです。「こうしてはいけない」という禁止条項を羅列する研修はコンプライアンス研修で、これは倫理教育研修ではありません。

　倫理はもっと広いのです。従業員個人は、毎日ビジネスで発生するさまざまな問題に取り組んでいます。その裁量権は、職種や階層にもよりますが、最も低い階層でも、さまざまな意思決定が委譲されてきています。いちいち上司に行動の指示を受けないでも、ある程度の裁量権を持ち、自らが決定し、責任を持って行動します。これが仕事へのやりがいにつながり、働きがいになります。

　こうなると、日々出現する些細な問題をすべて網羅する行動指針を作成することは不可能です。経営者は、企業の目指す価値観と個々人の自立した価値観のバランスを取る必要があるのです。そこで、教育研修を行います。教育研修では、仕事における従業員個人の個性を形成する過程で、企業サイドの価値観について、対話と反省する機会を与えます。そして、健全な判断ができるスキルを身に付けさせるのです。

　善良な価値観が教育研修で従業員に身に付いていくと、職場に帰ったときに、従業員の行動を助けることになります。教育研修には、大きく２つ

の効果があります。1つは、倫理的な問題への認識力が向上します。これは、研修で企業からの見方、企業サイドの考え方を学習するので、従業員は正しい判断をするようになります。そして、その正しい判断をした場合、企業はその行為から発生した結果を企業が支えてくれることを認知します。もう1つは、実際の現場で直面する問題で、判断に迷うときに、受講した教育研修での事例や基準が選択、判断を助けてくれます。研修には、グループによる意見の不一致をすり合わせる方法、対話の手法、討論の方法等が含まれているので、意思決定の能力を向上させることができるのです。

　ここで、事例で考えてみましょう。

　まずは出張するということを考えてみます。交通費と宿泊費には、実費精算と概算精算があります。実費精算は、掛かった宿泊費と交通費を領収書とともに会社に提出し立て替えた出張費用の精算を行うやり方です。一見、合理的なようですが、宿泊費や交通費は、季節や休祝日の状況や予約の時期によって大きく異なります。また、宿泊費に食事が付いていたり、プリペイドカードが付いていたりするものまであります。こうした違いや内容まで会社として管理して正確な費用を計上することは、なかなか難しいです。そして、ここで倫理観が重要になります。この金額は小さなものですが、会社全体では大きな問題となります。予約の方法次第では、後日ポイントで還元させる仕組みのものまであるため、表向きの精算金額と、実際の金額が異なる場合もあるのです。そこで、**概算請求**が登場しました。**概算請求**は、職種や職位により、あらかじめ金額が設定されており、実際の費用とは無関係で出張費用が精算されます。場合によっては、出張することで持ち出しが発生してしまうこともあります。

　また、別の事例を考えましょう。倫理教育研修の間の娯楽費の問題です。1週間の研修期間中の後で、1日休日がありました。その期間中に掛かった食事代と、レクリエーション費用を精算する必要があるでしょうか。無料で楽しめるレクリエーションの他にゴルフも可能でした。ゴルフは費

用が掛かるので一般的には自己負担が原則ですが、研修規則には何も書いてありません。いろいろな考え方があると思います。事実、支払わない人も多かったようです。この1日は、何をしても研修に含まれると考えるのか、コストの掛かるものは自己負担と考えるのかです。こういう場合は、個々人の価値観で変わってきます。こういった些細なことでも、受講者は選択肢を考え、どれが最善の行動かを選択し、その決定を評価する意思決定の技能を磨くことになります。

倫理行動規範の事例3　ホステスのアルバイトと内定取り消し

職業の自由と倫理観の問題は、公共性や企業理念や、一般的な庶民感覚等で、いろいろな意見が出ると思います。世代間でも考え方が異なります。特に、仕事を探している若者にとっては、大きな問題と思われます。

「事実の概要」

アナウンサーとして内定をもらっていた女子大学生（22歳）が、ホステスアルバイトの経験を伝えたところ、テレビ局側から「内定取り消し」を通知されました。同大学生が、新年度からのアナウンサーとしての入社を確保してくれるよう同テレビ局に求める訴訟を起こしました。どう考えますか。

訴えたのは、ミス東洋英和（2011年）に輝き、女性ファッション誌「JJ」の読者モデルを務めた学生です。3年生だった2013年9月に、日本テレビのアナウンサー職で、採用内定通知を受けました。しかし、知人に紹介されたクラブで接客アルバイトを経験したことを、翌年の3月に同局人事担当者に報告した後、4月に人事部長から内定の取り消しを伝えられたというものです。2014年5月に届いた取消通知によると理由は以下の2点です。

1：研修時にアルバイト経験を報告しなかったことが、内定に際し交わした誓約書で取消事由としている「申告の虚偽」にあたる。
2：「アナウンサーには高度の清廉性が求められている。」ホステスのアルバイト経験がそれに反する。

　この問題に、解答はありません。産経新聞の世論調査によると、取り消しを当然と考える人は、52.5％、取り消し妥当ではないと考える人が47.5％と若干取り消しを当然と考える人が多いようです。意見も以下のようにいろいろです。賛否両論といったところです。

　「公共性のある職場で、かつ私企業なので企業独自の方針でよいのでは。」

　「就職活動をする女子大生は大なり小なり猫をかぶるので、程度の問題ではないか。」

　「百歩譲って清廉とは言えないかもしれないが、人間性まで否定される扱いはおかしい」「ホステス経験で内定取り消しとはあまりに窮屈、女子アナに求められる清廉さとはどんなものなのですか。」「日テレが裁判に勝てる可能性は少ないのではないか。」

　問題は、会社の経営方針です。経営者が、会社全体のイメージ向上や従業員のスキルや質を維持するために、経営方針を定めています。それに、合わないということだと思います。でも、内定という場合、通常契約は成立しているので、法的には問題が残ります。

　解答はないのですが、いろいろと議論する過程が大切です。結果的に、採用する方向で、和解が成立しました。

(3) 倫理的な行動の発展段階

　倫理的な行動の発展段階は、以下の❶〜❹の4つの段階に分けられます。ピラミッド形態で、倫理的な行動の達成段階を表すことができます。第1

段階の「倫理的な価値観を認識する」からスタートし、ランクアップを図り、最終的に第4段階の「倫理的なリーダーシップをとる」までに上がっていきます。それぞれが重要な段階です。いきなり第4段階にたどりつくことはできません。

❶ 倫理的な価値観を認識する

　倫理的な価値観を認識する能力です。経営理念がなぜ必要なのかをしっかりと理解し、組織との信頼関係を構築します。どの組織でもありうる簡単な問題を取り上げ、自分たちを取り巻く環境と重ねながら議論を進めると、教育効果が上がります。自らが働いている会社の慣習的な考え方にすり替えることなく、倫理観を磨き、その本質に迫る議論をすることが大切です。つまり、日頃隠されている、従前から存在する考え方が、本当に正しいのかを議論するのです。取り上げる事例は、身近な現在の諸問題をテーマにすると議論が進みます。

❷ 倫理的な思考をする

　倫理的な思考をするということは、倫理的な問題に直面したときに、どう解決したらよいのか、どのような代替案が思いつくのだろうか。また、結果を予想しながら顧客から長期的な賛同を得る最善策を取るには、どのような意思決定をすべきなのか。このように、判断基準を自分自身で構築しなければならないのです。頭の中に、代替案をいくつも思いつくようにしておかなければなりません。つまり、価値観の研修では、たくさんの事例を討議しながら、倫理的解決を模索する際に用いる倫理的諸原則を身に付けるのです。頭の奥にしまってしまい使いこなせない人、全く気が付かない人、判断基準がぐらついて言い出せない人、これらの人たちに、倫理的思考が容易にできるように研修を進めます。複数の事例を題材に、グループディスカッションをこなすことで、身に付いていきます。

思考の指針になるものには、以下のものがあります。基本的な思考は、その行動は、誠実で、顧客に説明責任を果たしていなければいけません。

方法1：「以下の質問を自分自身に問いかける」
① その行動は、法律に適合していますか。
② その行動は、会社の経営理念に、会社の価値観に合致していますか。
③ その行動をすると、自分自身の心は痛みますか。晴れますか。
④ その行動は、インターネットで広く知れ渡っても大丈夫ですか。
⑤ その行動は、間違っていると心の奥底で感じていませんか。
⑥ その行動を、自分自身の責任で、自信を持って決定したと主張できますか。
⑦ その行動が、正しいか、人に相談したいですか。

方法2：「自分の立場から考える」
① 顧客と立場が逆だったら公正に感じますか。
② 自分の決定が、先例になっても、依然として正しいと言い切れますか。
③ 今回の意思決定は、個人名がでて自分の決定と広く公になっても大丈夫ですか。

❸ 倫理的な行動をとる

認識、思考と進んで、次は行動に移すための支援策を考えます。社内の特有な事例を理解し、システム化された倫理行動の支援システムを研修で話し合う必要があります。上司に相談できない、社内のどの部署に相談したらよいかわからない。こういう状態を打開します。どんな筋道をたどり、問題を収拾できるかを明らかにする仕組みを知っていなければなりませ

ん。自社で起きた過去の事例や、今進行中で、解決を図っている具体的な事例があれば、研修に応用します。現場の事例は、説得力があります。また、価値観を従業員に具体的に発想させます。

具体的には、各担当を決めて、起こりそうな事例を討議します。この場合、かなり現場に使い形で研修を行わないと、なかなか行動には結びつきません。

例えば、上司や役員の誠実でない行動（酔っての言動や行為）や会社資産の浪費（明らかな無駄、基本方針外の行為）を発見した場合の行動について等です。

❹ 誰もが倫理的なリーダーシップをとる

従業員同士、部下と上司、営業マンと顧客等、誰もが人の行為を見ています。また、ジョブローテーションで仕事を教えている企業は、誰もが、部下は上司を見てまねることで育っていきます。つまり、誰もが人の行為を見ながら、倫理的な方向付けをしていることになります。誰でもリーダーということになるのです。すべての人が、倫理的なリーダーになれるように、組織の価値観を理解しなければなりません。この場合、自分自身の責任を感じなければなりません。責任を感じることで、価値観が育っていきます。責任を感じるには、裁量権が委譲されていなければなりません。自分自身で責任を持ち、自分の仕事やその価値観について社内で会話し、相談できる体制作りが、リーダーシップを生み出します。

（4）教育研修の目的と内容の整合性

教育研修には、明確な目的を設定し、その標準を決定します。その標準が、従業員の倫理への認識を高めていきます。具体的な、相談手段を提供することも必須事項です。

内容は、倫理的な意思決定の判断基準を議論し、参加者がその価値観を理解するようにします。そのためには、社内で過去に起きた事例や同業他社で起きた事例などを掘り出し、取り上げることが効果的です。倫理活動を導き出す企業内の行動戦略や組織構造を示し、そのための政策やシステムを知ってもらうことです。

一般的には、以下の事柄を実施します。

① 経営トップによる、映像による目的と基本的価値観の説明
② 一般的な倫理原則の説明
③ ビジネス倫理についての討論
④ 倫理的な意思決定を行うための思考の枠組みを示し、その指針を明示する
⑤ 現場で起きた過去の事例の紹介と議論
⑥ よく発生する倫理的なジレンマの議論
⑦ 企業・業種特有の倫理問題の議論、代替行動案の説明
⑧ 企業が用意している倫理面の支援策の説明

教育研修の事例

30年以上も前のことになりますが、銀行に入社したとき、はじめて受けた研修を今でも鮮明に覚えています。理由は、グループメンバーの意見が大きく異なっていたこと、なかなかまとまらなかったこと、結果が自身の予想と全く異なっていたからです。その研修のメンバーとは今も交友関係が続いており、教育研修は、一体感を与えてくれます。

典型的な教育研修の例を以下に紹介いたします。

教育研修の事例1　コンセンサスゲーム

　コンセンサスゲームとは、出された問題についてグループ内で話し合い、全員で回答を導き出すゲームです。当然、グループ内では多様な意見が出されますが、議論の過程で全員のコンセンサス（合意）を得ることを目的としています。

　一般的に個人で考えた場合より、班員全員で考えた場合の方が良い回答結果が表れます。また、議論が活発に行われたグループの方が良い結果が出るようです。このゲームを通じてコミュニケーション能力の向上とコンセンサスの重要さを理解します。

　コンセンサスゲーム「砂漠編」

　問題1：「砂漠での遭難の問題」

　7月中旬のある日、午前10時ころ、あなた方が乗った小型飛行機がアメリカ合衆国の南西部にある砂漠の中に不時着しました。不時着した際飛行機は大破炎上、操縦士と副操縦士は死亡しましたが、あなた方全員は奇跡的に大きなケガもなく無事でした。不時着は突然で無線で救援を求める時間もなく、また現在位置を知らせる時間もありませんでした。しかし、不時着する前に見た周りの景色から、あなた方は飛行プランに示されているコースから約100キロメートル離れたところにいることがわかっていました。また、操縦士は不時着前に最も近くの居住地は約110キロメートル南南西にあることだけをあなた方に告げていました。

　不時着した付近は全く平坦で、サボテンが生えている他は不毛の土地です。不時着直前の天気予報では、気温は約43度になるだろうとのことでした。それは、地面の温度は50度にもなるだろうということを意味しています。あなた方は軽装〈半袖シャツ・ズボン・靴下・スニーカー〉であり、各々1枚のハンカチとサングラスを持っ

ています。また全員で 8 ドルの小銭と 100 ドルの紙幣、1 箱のタバコとボールペンが 1 本あるのみです。ただ、飛行機が燃えてしまう前に、あなた方は次の 12 の品物をかろうじて取り出すことができました。

さて、あなた方の課題は、これら 12 の品物をあなた方が生き残るために最も重要と思われるものから順番に 1 から 12 まで順位を付けることです。

砂漠編の解答用紙

品　　名	個人順位	得点	グループ順位	得点	正解
食塩					12
懐中電灯					4
パラシュート					5
羅針盤					8
ウォッカ					11
雨具					6
水 1リットル／人					3
化粧用手鏡					1
防寒コート					2
ピストル					7
この付近の航空写真と地図					9
本「食用に適する砂漠の動物」					10

・誤差＝順位−正解

・誤差の合計＝得点　（得点の小さい方が勝者）

正解の理由

品　　名	正解	理　　由
食塩	12	塩は脱水症状を促進する
懐中電灯	4	夜の救助に光で知らせる
パラシュート	5	広げて空からの目印にする
羅針盤	8	捜索隊の発見を目的とするため必要性薄い
ウォッカ	11	余計のどが渇き脱水症状を促進する
雨具	6	砂嵐から身を守るため
水1リットル/人	3	不可欠だが発見して貰うことが最優先
化粧用手鏡	1	光が遠くまで届き、捜索隊への信号になる
防寒コート	2	太陽から身を守るため
ピストル	7	拳銃の音で知らせる。動物対策
この付近の航空写真と地図	9	捜索隊の発見を目的とするため必要性薄い
本「食用に適する砂漠の動物」	10	動物の捕獲は体力を奪い、脱水症状を促進する

　現実に、以下の同様な事故が発生しています。インターネットで検索すると詳細が出てきます。事例1の問題1とは異なり、自らが動くことで生き残っています。また、食べ物をどうするかという非常に難しい倫理的問題を含みます。現実に起きた事故を取り上げることで、全く異なる視点で、意見交換できると思います。

　「ウルグアイ空軍機571便遭難事故」とは、1972年10月13日に飛び立ったウルグアイ空軍571便がアンデス山脈に墜落した航空事故です。乗員乗客45名中29名が死亡しました。救助されるまでに、約3か月もの歳月がかかり、その中にいろいろな倫理的な問題が発生しています。

第Ⅲ部　倫理行動規範の作成

問題2:「コンセンサスゲーム:宇宙編」

　あなたは班員とともに宇宙船に乗って月面に着陸しようとしています。当初の予定では明るい方の月面で迎えに来る母船と一緒になることになっていましたが、機械の故障で宇宙船が着陸予定地点（母船とのランデブー地点）から200マイル（約320キロメートル）離れたところに不時着してしまいました。宇宙船もほとんど壊れ、載せていた機械や物品もかなり使用不能となりましたが、なんとかして母船にたどり着かなければ全員遭難してしまいます。解答用紙に書いてある物品は、不時着時に難を免れ完全なまま残っているものです。大事なものからその重要度に従って順位をつけなさい。

宇宙編の解答用紙

品　名	個人順位	得点	グループ順位	得点	正解
太陽熱式FM送受信機					5
粉ミルク					12
磁石					14
月から見た星座図					3
ピストル					11
水					2
照明弾					10
酸素ボンベ					1
絹布					8
マッチ					15
救急箱					7
携帯用暖房機					13
ナイロンロープ					6

救命いかだ					9
宇宙食					4

- 誤差＝順位－正解
- 誤差の合計＝得点　（得点の小さい方が勝者）

正解の理由

品名	正解	理　　由
太陽熱式FM送受信機	5	母船と交信できる可能性
粉ミルク	12	食料として
磁石	14	地場が弱く、地球と違う
月から見た星座図	3	方位確認に必要
ピストル	11	推進力として用いる
水	2	宇宙服内では発汗が多い
照明弾	10	信号として用いる
酸素ボンベ	1	酸素の補給用
絹布	8	運搬、日よけなどに使用
マッチ	15	酸素がないため使用不可能
救急箱	7	ケガの治療や栄養剤
携帯用暖房機	13	月は寒暖の差が大きい
ナイロンロープ	6	負傷者を縛る、坂道悪路に有用
救命いかだ	9	運搬、日よけ、ガスを推進力に
宇宙食	4	数日分の食料となる

　現実に、以下の同様な事故が発生しています。インターネットで検索すると詳細が出てきます。事例1の問題2とは異なり、月面に着陸する前に起きた事件ですが、工夫を重ねることで生き残っています。また、限られた時間の中で、エネルギーをどうするかという非常に難しい倫理的問題を含みます。全く異なる視点で、意見交換できると思います。

1970年4月11日、月着陸船操縦士を乗せたサターンV型ロケット（アポロ13号）は、第3番目の有人月面飛行を目指して、ケネディ宇宙センターから発射されました。2日後、電線が短絡し火花が散ったことにより機械船の酸素タンクが爆発し、飛行士たちは深刻な電力と水の不足に見舞われました。司令船には、独自のバッテリーと酸素が搭載されていますが、それらは地球に帰還する大気圏再突入の際に必要になるもので、使用することはできません。そのため、彼らは着陸船を救命ボートに見立て乗り移り、電力を限界まで抑え、トラブルから生成量が激減した飲料水の消費を極力控える負荷に耐え、無事地球に生還しました。この危機への対応の鮮やかさにより、アポロ13号は「成功した失敗（successful failure）」、「栄光ある失敗」等と称されています。映画にもなっています。その中にいろいろな倫理的な問題が発生しています。

問題3：「コンセンサスゲーム：無人島編」

　嵐で船が沈没しました。乗客は2隻のボートに別れて漂流しました。1隻には若い女性と水夫と老人が、もう1隻には女性のフィアンセとフィアンセの親友が乗っていました。

　若い女性の乗ったボートはある無人島に漂着しました。若い女性はフィアンセも同じ島に流れ着いていないか島中を探しましたが、どこにもいませんでした。少し離れたところに同じような島があることに気づいた若い女性は、フィアンセがあの島に流れ着いているかもしれないと思い、水夫にその島に連れて行くよう頼みました。水夫は一晩自分と過ごすことを条件に了承しました。若い女性は悩み、老人に相談しました。老人は「私には判断できない。あなたにとって何が一番大切か考えて判断しなさい。」と助言しました。若い女性は、水夫と一晩共にし、水夫は約束どおり若い女性を隣の島へ運びました。無人

島に辿り着くと浜辺にフィアンセが立っていました。若い女性は嬉しさのあまりボートから海に飛びこんでフィアンセに駆け寄り抱き締めました。若い女性は、迷いながらも水夫に抱かれたことを正直にフィアンセに話しました。フィアンセは落胆し彼女を突き飛ばしどこかへ去ってしまいました。悲しむ女性にフィアンセの親友が近づき「僕の方からいつかフィアンセに話すから、それまで僕が君と一緒にいてあげるよ」と言いました。

若い女性、水夫、老人、フィアンセ、フィアンセの親友の5人で許せないと思う順位を付けて下さい。

この問題に解答はありません。年齢や性別によって、異なる傾向が出てくると思います。倫理観が各人で異なるからです。結論が出ないことでも、日頃から議論することはとても重要です。

無人島編の解答用紙

人物	順位
若い女性	
水夫	
老人	
フィアンセ	
フィアンセの友人	

(5) 時事問題をテーマにグループで討論

グループ討論を行う方法としては、特に倫理上の問題を抱えて、大きな不祥事に発展した事件の解決策を模索すると効果的です。代表的な手法には、以下のブレインストーミングとファシリテーション等があります。事

例2に「三菱自動車のリコール隠し事件」、事例3に「タイレノール殺人事件；ジョンソン・エンド・ジョンソン」を載せましたので、この手法で議論してみましょう。2つの事件は、事件への対応の違いにより、売上が急減し苦境に立たされたケース（三菱自工）と、売上が回復するとともに、その対応の良さでむしろ企業イメージを向上させた事例です（ジョンソン・エンド・ジョンソン）。

その他にも、企業と関わりのある問題として、次のようなテーマがあります。どの問題もどこにでもある問題ですが、解決しておらず、解答はありません。共通な大きな価値観をグループディスカッションなどで見出しましょう。

1. 非行
2. 雇用、正規と非正規
3. 自殺
4. 上司と命令
5. ホームレス
6. 大企業と中小企業の倒産
7. 健康食品
8. 障害者雇用
9. モンスターペイシェント
9. モンスターペアレント
10. 日本の武士道とは

倫理について考える習慣をつけることは、突発的な事件が起きたときや不祥事が発生したときに役に立ちます。また、大きく誤った選択をする可能性が極めて低くなります。

❶ ブレインストーミング

　ブレインストーミングとはワークショップや会議を活発にし、メンバーから自由な発想を引き出すための技術です。それにより物事の新たな発見や問題点の解決方法を見つけることができます。ブレインストーミングにはいくつかの取り決め事項があります。

- ブレインストーミングの4原則
  1. 批判は行わない。提出されたアイデアに対する批判や意見は厳禁です。
  2. 突拍子もないアイデアを歓迎する。途方もない、奇抜なアイデアが求められます。
  3. アイデアは多いほどよい。様々な角度から多くのアイデアを出します。
  4. 他人のアイデアを改善、修正、結合し発展させる。他人の意見に便乗することが推奨されます。

　ブレインストーミングでは、メンバー全員が批判を受けることがないとの認識が大切であり、これがないと自由な発想や意見は生まれにくくなります。また、ファシリテーター（リーダー）は基本的なルールが守られるように注意しなければなりません。

❷ ブレインストーミングの応用

　ワークショップや会議等においても、ブレインストーミングの技術は十分利用できると思います。誰でも真っ向から相手の意見を否定されることはもちろん、批判・反論することも望みません。一度意見を否定されると萎縮もしくは憤りなどの感情により、それ以降会話が成り立たなくなる恐れがあります。会話が成り立つにしても、ぎすぎすした会話、当たり障りのないような受け答えになり、活発な会話が成り立たなくなります。奇抜

なアイデアや誰かの発言に対し追加・結合することは、会議の場においても好まれます。会話がテンポよく発展し、メンバーが自由に発言できるなら非常に濃密な時間を共有することができます。ファシリテーター役のリーダーは、みんなで話しているときは、ブレインストーミングのルールに抵触している人がいないか注意します。ルール違反の人には、場の雰囲気を乱さないように軽く注意します。

❸ ファシリテーションとファシリテーター

　ファシリテーションとは、会議やミーティングの場で、発言の催促や話の流れの整理、参加者の認識一致の確認等により、合意形成や相互理解をサポートすることにより、会議の活性化を図る手法・技術です。ファシリテーションを行う人、つまり議論に中立の立場で、議論のプロセスに関わり、チームの成果が最大になるように議論を促進する人をファシリテーターといいます。メンバーが問題を議論し、合意に至るまでのプロセスにおけるファシリテーターの役割は大きく4つあります。

　①議論する場を作る

　　誰を集めてどういうやり方で議論していくのかを考え、メンバー同士の意識や目的を1つにします。

　②意見を引き出す

　　自由に語り合い、チーム意識と相互理解を深めていきます。ファシリテーターには傾聴・復唱・質問・言葉に現れないメッセージの解読など、コミュニケーションスキルが求められます。

　③意見を整理する

　　議論をかみあわせながら、議論の全体像を整理して、論点を絞り込んでいきます。図解を使いながら、議論をわかりやすい形にまとめていくのが一般的です。

　④意見をまとめる

議論が煮詰まってきたなら、創造的なコンセンサスに向けて意見をまとめていきます。問題解決でいえば、意思決定のステップです。

❹ ファシリテーターの役割

どのようにしたら全員が会話に参加でき、それぞれのいいところを引き出せられるかを考える必要はあります。また、ファシリテーター役を誰にするかは、固定して決める必要はないので、誰か1人役割を果たすことができれば十分だと思います。その方法としては、次のようなものがあります。

- 簡単なゲーム等を行い、会話しやすい環境を作っておく。
- ブレインストーミングを行う。
- 適切なテーマを設定する。
- 適切な質問を投げかける。
- 会話に入れない人に話を振る。
- 順次流れに従って、話をまとめる。
- 人と人の意見を融合する。
- 紙や筆記用具を一揃えしておく。

教育研修の事例2　三菱自動車のリコール隠し事件

企業倫理の問題として、グループディスカッションの課題としてよく使われます。

2000年に発覚した三菱自動車工業の乗用車部門およびトラック・バス部門による大規模なリコール隠し問題が発覚しました。その後も、2004年にトラック・バス部門の更なるリコール隠しが続いて発覚しました。そこで、乗用車部門が再調査され、国土交通省によると2000年時点の調査が不十分だったことが判明しました。これが決定打となって三菱自工・三菱ふそうはユーザーの信頼を失い、販売台数

が激減しました。当時の筆頭株主であったダイムラー・クライスラーから資本提携を打ち切られ、そのため深刻な経営不振に陥ることになった事件です。

「事件の概要」

　三菱自動車工業は、2000年（平成12年）までに、当時販売台数ベースでトヨタ自動車・日産自動車・本田技研工業に次ぐ乗用車国内シェア4位の自動車メーカーでした。1977年（昭和52年）から約23年間に亘り、10車種以上（最初の届け出だけでもランサー、ギャラン、パジェロ、パジェロイオ、デリカスペースギア等、乗用車系で6件約45万9,000台、大型・中型トラックで3件約5万5,000台）、約69万台にのぼるリコールにつながる不具合情報（クレーム）を運輸省（現・国土交通省）へ報告せず社内で隠蔽していた事実が発覚したのです。

　発覚したきっかけは、同年6月に運輸省自動車交通局のユーザー業務室になされた匿名の内部告発からです。同省によると、三菱自工はユーザーからのクレーム情報を、本社の品質保証部で集約、管理していました。しかし、クレーム情報のうち外部に知られたくない情報を隠匿し、印を付けて区分し、同省の定期検査ではクレームを提示していなかったのです。この区分による仕分けは1977年から行われ、同社がコンピューターによるクレーム処理システムを導入した1992年（平成4年）以降は、電算処理で分類していました。まさに、組織的に隠匿していた証拠です。

　その一方で、リコール制度発足から30年以上に亘って、運輸省に欠陥を届け出ずに、直接ユーザーに連絡して回収、修理する「ヤミ改修」も行われていました。リコール隠し関連では、人身事故が発生しています。このリコール隠し事件の責任を取り、当時の代表取締役社長は、同年8月28日に引責辞任する意向を固め9月8日の正式発表を経て、11月1日付で辞任しました。

また、同年8月27日には警視庁交通捜査課などが道路運送車両法違反の疑いで三菱自工本社や岡崎工場（愛知県）など5ヵ所を家宅捜索しました。

東京地方検察庁は翌2001年4月25日、1999年の運輸省の立入検査で約10,300件の不具合情報を隠したとして、三菱自工の副社長らを道路運送車両法違反（虚偽報告）容疑で書類送検しました。副社長らは5月8日、東京簡易裁判所から罰金20万円、法人としての三菱自工も同40万円の略式命令を受けました。この時点で、国土交通省からすべての欠陥情報を開示するよう求められましたが、1997年以前の情報を隠し、クラッチやハブの欠陥対策をとらなかったことも後に発覚しています。

　このリコール隠しで三菱自工は市場の信頼を失い、販売台数が急減しました。2002年に発生した子会社の三菱ふそうトラック・バスの大型車のタイヤ（ホイール）脱落事故について、構造上の欠陥およびリコール隠しの疑いが濃いことが明るみに出ました。そして、2004年4月22日には三菱自工の筆頭株主であったダイムラー・クライスラーが財政支援の打ち切りを発表し、三菱自工の社長は4月26日限りで辞任しました。

　同年5月6日、大型トレーラーのタイヤ脱落事故（後述）で三菱ふそう前会長や元常務ら7人が神奈川県警察に逮捕され、同月27日に横浜区検察庁・横浜地方検察庁は前会長ら5人と法人としての三菱自工を起訴しました。さらに、6月10日には別の事故で三菱自工の元社長や前会長ら元役員6人が、神奈川県警察・山口県警察などに逮捕されました。

　企業の組織的な隠匿体質と経営トップの関与が、ビジネス倫理の問題として議論することで、有益な意見交換ができると思います。

教育研修の事例 3　1982年タイレノール殺人事件（ジョンソン・エンド・ジョンソンの対応）

　1982年9月29日、シカゴ近郊のイリノイ州エルクグローブ村の12歳の少女が「タイレノール Extra Strength（カプセル）」を服用したところ混入されていたシアン化合物によって死亡しました。以後、計5瓶のタイレノールによって計7名の死者を出しました。この他に、毒物が混入された3瓶が回収されました。事件は未解決で、この後シカゴ周辺では1986年エキセドリン殺人事件のような多くの模倣事件が発生しました。

　この事件でジョンソン・エンド・ジョンソンは「タイレノールにシアン化合物混入の疑いがある」とされた時点で迅速に消費者に対し、125,000回に及ぶTV放映、専用フリーダイヤルの設置、新聞の一面広告などの手段で回収と注意を呼びかけました。1982年10月には、タイレノール全製品のリコールを発表しました。およそ3,100万本の瓶を回収するにあたり約1億USドル（当時の日本円で約277億円）の損失が発生しました。事件発生後、毒物の混入を防ぐため「3重シールパッケージ」を開発し発売しました。この徹底した対応策により1982年12月（事件後2か月）には、事件前の売上の80％まで回復しました。

　ジョンソン・エンド・ジョンソンには、「消費者の命を守る」ことを経営理念とした、「われらの信条（Our Credo）」という経営哲学があり、社内に徹底されていました。緊急時のマニュアルが存在しなかったにも関わらず、迅速な対応ができたのはこのためです。

　この事件は危機管理における対応策の定石として認識されています。事例2の三菱自動車の対応との差があまりに大きいため、よく

教育研修で使用されます。

　研修会では、それぞれのチームの達成度合いを測定し、評価することが大切です。良いところ、悪いところを指摘し、他のチームにもフィードバックすることで、企業内の価値観が共有できるようになります。

(6) 支援制度の構築

　組織に共通した価値観を根付かせようとするとき、既に述べたように、倫理行動規範や意思疎通手段、教育研修プログラムは、必須の要素です。それらに加えて、従業員がいつでも相談できる有効な制度が必要になります。支援制度は1つではなく、人や部署によって利用しやすい制度が異なるので、複数用意するように工夫しなければなりません。

　具体的には、企業の経営理念を明記した宣言書、倫理行動規範、部署ごとの方針書類、Q&A などを用意します。

　倫理上の問題が発生したときに、いつでも経営指針や情報を得るための部署を明確にしておきます。具体的には、以下の通りです。倫理的な行動をすることは、各自の仕事の一部という概念を確認しておきます。

- 支援手段を受けられる場所
    ① 直接の直属の上司
    ② 関連する部の管理職
    ③ 人事部
    ④ 法務部（室）
    ⑤ 警備部（室）
    ⑥ 監査部（室）
    ⑦ 倫理関連をまとめたウエブサイト（過去の事例を検索可能）
    ⑧ 倫理室あての電子メール

⑨　倫理室への直通電話（匿名も可能、24時間応答）
⑩　小冊子、もしくはカード

　電話でいつでも判断を仰ぎ、倫理行動情報を聞けるとともに、不正行為を報告できる「エシックスライン（倫理室直通電話）」は、特に重要です。実際に現場で起きていることは、実に変化に富み、過去と同じことが起きるとは限らないのです。倫理や法令遵守の問題に助言や忠告をする制度ですが、それ以外にも人間関係についての相談を受けるようになっているようです。親しく助言を求められる手段だと位置付けることが大切です。不法行為に対する告げ口とか密告とかのイメージになることは避けるべきです。倫理的な関心事なら何でも相談できる仕組みだからです。

(7) 情報提供の補強

　広く従業員等（顧客や取引先を含む）が簡単に見られる、インターネットのホームページに整備しておくとよいでしょう。Q&Aコーナーも併設できます。検索システムを作り込むと、さらに便利になります。また、投稿を受け付けることも可能です。
　そして、企業内の情報だけでなく、ニュースや業界からの新鮮な関連情報を提供できます。ただし、ウエブサイトに偏ってはいけません、見ない人もいますし、配布物と違って、自分自身で見に行かなければ見ないで終わってしまいます。

(8) 一貫した倫理基準とその運用

　一貫した倫理基準とその運用は、倫理行動規範の適用では絶対条件です。倫理行動規範で失敗するときは、その運用に統一性がなく、特に上位の管

理職やスタープレヤーに甘くなり、その違反行為を見逃すと起きます。また、折角、倫理行動規範を作り上げ、倫理プログラムが稼働しても、ある場合は上司の指示で、ある場合は地域によって例外が横行し、いくつもの倫理基準が認められてしまうと、すべての倫理行動規範は崩壊します。

　倫理行動規範は、組織を通じて核となる一貫した価値観が必要なのです。例えば、組織の上位の者は下位の者よりもより高潔な行動基準が求められます。そうすることで、組織が引き締まります。また、同一企業内でも、公共工事を担当する部署や規制業種に該当する場合は、他の部署よりもより高い価値観が求められます。

(8) 倫理基準が2つ

　倫理基準にもダブルスタンダードが許されることもあります。私が勤務していた銀行では、管理職（支店の次長、本部の課長以上）になると時間外手当がなくなりました。仕事は時間では決められずに、結果を求められます。また、管理職は、夜の会食（仕事の一環）で、アルコールを飲んでも構いません。支店長代理という肩書までは、それは許されませんでした。仕事の種類と内容により、他の出席者と同様の行動をとることが、ふさわしいからです。どんなふるまいをするかは、各自に任されていました。それだけ責任は重く、当然その場の行動は、結果まで、過程を含めて自分自身が責任を取ることになります。

第Ⅲ部　倫理行動規範の作成

7 定期的に見直し、監査し、評価する

(1) 現場のリーダーシップにより定着させる

　仕組みの定着のためには、倫理プログラムの反復練習が必要になります。全員を教育研修できればよいのですが、現実的には、営業部、製造・購買部、販売部、企画部等の各部署の代表を同じ価値観を持った倫理のリーダーに育てるための研修を行います。研修は一定期間ごとに繰り返します。各部署で、倫理行動規範の重要性を叩き込みます。そしてリーダーは育てば、仕事場に戻って、日々の仕事の中での倫理が果たすべき役割について、認識を強化することができます。

　研修は、実例に富み、参加を能動的に倫理学習に巻き込むものでなくてはなりません。ゲーム方式は、楽しさを含むため特に必要です。配布物を配るだけでは、実際の定着には程遠いのです。組織としての学習スタイルを、ユーモアを交えて実施することが近道です。具体的には、従業員に実際にあった話をしてもらいます。個人的な経験をグループ研修で共有させます。そして、直面する社内問題を解決する訓練をします。

　例えば、社内の倫理状態を評価するための簡単な問題を出します。回答してもらい、その回答を基に、ディスカッションを行います。

事例1　贈答品について

　「あなたは、営業マンとして、多数の取引先を訪問しています、その内一社から、お歳暮が送られてきました。金額にすると1,500円程度の石鹸です。あなたはどうしますか。」

社内ルール；原則すべての贈答品は辞退する。想定金額2,000円以下の贈答品ついては、例えば年末年始のあいさつのタオルや手帳等、状況によっては受け取ってもよい。

A：もらう：金額が1,500円程度のものなので、受け取る。
B：もらう：上司に報告し、金額が小さいのでもらう。
C：もらう：金額が小さいので、この程度のもので、何か便宜を図るというものではない。ただし、倫理室に報告し、指示に従って処理する。
D：辞退する：金額に関わりなく、中元、歳暮はすべて断る。

正解はDです。例外なく贈答品は断るという態度を取ることで、そのこと自体が企業倫理として定着していきます。ただし、金額が2,000円以下で、地域の慣習に基づくもので、断ること自体が地域社会に溶け込めないときは、記録に残して受け取ります。しかしながら、このような状況は避けるように、あらかじめ受け取らないことを企業理念として発信しておくべきです。

事例2　会議の配布物について

「同業者が集まる会議に出席しました。そこで、約1,500円程度の、電子機器組み込み商品が配布されました。出席者全員に配られているもので、個人的なものではありません。受け取りますか。」

A：もらう：金額が1,500円程度のものなので、受け取る。
B：もらう：上司に報告し、金額が小さいのでもらう。
C：もらう：全員に配布されており、かつ金額が小さいので、この程

> 度のもので、何か便宜を図るというものではない。ただし、倫理
> 室に報告し、指示に従って処理する。
> D：辞退する：金額に関わりなく、贈答品はすべて断る。
>
> 正解はDです。仮に全員に配布されたとしても、例外は作りません。贈答品はすべて断ります。いかなる物でも受け入れないという、ビジネス倫理を定着させるためには、例外を作らないことが原則です。

リーダーシップ力を持った人を各所属部署に置くことで、倫理プログラムの進展が非常に楽になります。いくつもの職場に合ったビジネス倫理に関するゲームを取り入れると、人間関係を構築することと同時に、双方向性のある研修となっていきます。

(2) 監査する

監査は、価値観や教育研修プログラムに付随しているもので、別の仕組みではありません。一体で、倫理管理システムになります。実効ある監査は、法律や規則違反を取り締まるものだけではなく、従業員の個人個人が組織の価値観に基づいて意思決定をしているかどうかをチェックしなければなりません。

監査においての最適な方法は、経営トップが必ず関わり、実査には外部の倫理コンサルタントを活用することです。利害関係のない、第三者からの意見は、とても有益で、価値のある助言となります。専門の倫理コンサルタントは、学術的な理論を背景に、特殊な技法で監査を実施します。通常よりも、短時間で、様々な問題点を発見してくれます。その問題点を社内の人間が見つけることは、とても難しいことです。コストの関係で社内の人を監査に使う場合は、組織から独立させ、他の部署から影響を受けな

いようにしなければなりません。

　倫理プログラムに関して、電話相談が機能しているか、従業員が教育研修を受けることを十分に納得しているか、従業員が基本的な倫理プログラムの内容を知っているか等の基本的なことから監査します。「裸の王様」の寓話を思い起こしてください、同じ組織内にいると、なかなか思っていることを口に出せないものです。真実を認めるには、勇気がいるのです。外部の人間は、そのような遠慮がなく、本質を突いた指摘をしてくれます。

　企業は、一般的に、定期的に財務活動や法律や規則の遵守を監査しています。それに加えて、価値観主導の経営風土ができているかどうかを監査するのです。

(3) 監査の仕組み

　必ず経営トップが積極的に参加し、結果に責任を持つことを明示しなければいけません。可能であれば、経営トップ、取締役、上級管理職等は、倫理委員会や倫理会議への参加が必要です。少なくとも、倫理会議を組織し、実際に監査を任されている倫理コンサルタントや監査担当者は、経営トップや取締役会に報告書をあげます。そして、倫理会議について、目的とその範囲を明示します。倫理会議は、経営トップが、実際の企業内で発生した倫理問題を解決する機関です。したがって、社長自ら開催することがベストです。

(4) 倫理会議の仕組み

　次に一般的な倫理会議の仕組みを記述します。通常、議長は社長が務め、メンバーは他に、倫理担当取締役、法務部長、外部の社外取締役や社外監査役から成ります。

倫理会議は、代表取締役や取締役に代わって任命された倫理担当者が倫理問題の考え方を決定し、倫理方針を策定します。そして、その中心的機能を果たし、結果に責任を持ちます。

❶ 倫理会議の機能
倫理会議は以下の機能を果たします。
- 倫理問題に関して、代表取締役社長や取締役、倫理担当者が互いに連絡を取りながら、全従業員と情報を共有し、倫理問題を扱う中心として行動する。
- 倫理実行プログラムの目的と維持について、従業員及び経営陣を教育する教育研修計画を監視し、承認する。
- 倫理行動規範を、定期的に見直し、必要とあれば経営陣に変更を求める。
- すべての事業所での倫理行動プログラムの一貫性とその質を確認し、経営陣に報告する。
- 問題発生時は、助言をまとめ、倫理問題の解決にあたる。予防的な行動が必要なときは、経営陣に報告し、助言する。
- 倫理プログラムの基準、発展、実践、監視などに対して、方針と計画を経営陣に助言する。
- 倫理プログラムの現状とその効果について、取締役会に報告する。

❷ 倫理会議の組織構成
倫理会議は、以下の組織構成になります。
- 倫理会議議長は、社長が任命する。
- メンバーは社長が任命し、倫理担当取締役と法務部長は必ずメンバーとなる。必要ならば、特定な人を会議に招くことができる。
- 年間最低3回は開催する。

- 必要なときには分科会を設置できる。分科会の責任は議長が負う。

(5) 評価

　企業内の倫理プログラムがうまく機能しているどうかを定期的に評価します。評価する対象は、まず、倫理室直通電話の内容とその解決数、また、問い合わせの内容に関しての行動です。問い合わせ内容の過半数は倫理的な問題に直面し、どう行動したらよいかのアドバイスを求めています。その件数と解決数を評価することができます。質問内容のほとんどは、職場における行動についてです。例えば、贈答品をもらってよいか、定年に伴い取引先に就職してよいか、競合他社と情報交換してよいか、などが予想されます。

　次に、ウエブサイトからの、連絡や問い合わせの件数と解決を評価できます。そして、不法行為等の通報や密告についても、解決数を評価することができます。クレームの数やその内容も評価の対象となるでしょう。大切なことは、倫理プログラムとして行われていることを、正しく評価して、次のステップで役立てることです。

　予防効果を評価することも大切です。従業員から、定期的に倫理プログラムに関するヒアリングを行い、どのように役に立っているか、どんなことに巻き込まれないで済んだのか等の現場でのリスク回避にどれくらい役立ったのか定性分析します。未然にトラブルを防いだことを測定することは難しいですが、従業員からすると、これ以上の効果はないと考えられます。トラブルは、解決までに時間とコストが掛かります。事前に防止できたことで、すべてがゼロで済んだことになります。

8 修正と改善を常時行う

　価値観を組織に浸透させるには、倫理プログラムを常に、生きた道具にしておく必要があります。そのためには、環境や社会情勢の変化に合わせて倫理プログラムを修正し、改善していかなくてはならないのです。他社で発生した倫理的な問題は、直ぐに自社での場合に置き換えて、再度、従業員に対して倫理規範を徹底します。特に、他社の不祥事は、修正や改善に大きな役割を果たします。

　以下の事例で見てみましょう。

事例1　ベアリング大手4社の価格カルテル

　2013年に、ベアリングに関する違法カルテルが発覚しました。自動車や飛行機、工作機械、家電などの回転部分に組み込まれるベアリング（軸受け）は、年間4,000億円の国内市場を形成しています。この業界には積年の病巣があります。約40年前に、同様なカルテルで不祥事を犯しているからです。40年前の教訓が生かされていません。改善が進まなかった証拠です。

　公正取引委員会は2013年3月8日までに、独占禁止法違反（不当な取引制限）でベアリング大手の日本精工、NTN、不二越の3社に、合計で約130億円の課徴金納付命令とともに、再発防止を求める排除措置命令に関する事前通知を行いました。処分対象の3社に同じく大手のジェイテクトを加えた4社は、ベアリングの価格を企業間の話し合いで決めて不当に利益を上げる、いわゆる「価格カルテル」を形成していたのです。2004年ごろから10年までの5回にわたって、4社

で申し合わせた上でベアリングを値上げしたとされています。公正取引委員会はこのうち5回目の値上げ行為について、「課徴金減免制度」に基づき事前申告したジェイテクトを除く3社を、2014年6月に刑事告発しました。関与者には有罪判決と罰金刑が科されます。不二越と日本精工の元役員らには、既に執行猶予付きの有罪判決が下されています。不二越に1億8,000万円、日本精工には3億8,000万円、NTNにも罰金が科されました。

　約40年前の1973年、ジェイテクト（前身は光洋精工）と現NTN（当時の販売会社の東洋ベアリング販売）、日本精工、不二越の4社は、カルテルを形成し、当時の公正取引委員会は、現在の「排除措置命令」に当たる行政処分を下しました。今とほぼ同じメンバーが、同様の不正行為を行っていたのです。

　再び過ちが繰り返された背景には、日本のベアリング業界が抱える構造問題があります。国内のベアリング市場は大手4社が約8割のシェアを握っています。高度な技術が求められ、参入障壁も高く「寡占状態」にあるのです。一方で、主要顧客である自動車メーカーからは、常に厳しい価格要求を突き付けられている上、今回の一連の値上げが始まったとされる2004年頃は、北京五輪のため市場は活況で、インフラ需要などを受け鋼材価格が上昇した時期でもあります。

　原材料の調達先と顧客に「板挟み」になる中で、ベアリング4社が選んだのは、寡占状態を逆手に取るカルテル行為でした。40年前と同じ過ちが繰り返されたのは、各社が申し合わせて価格を決めるという風土が業界に根付いていたことを意味します。

　一方、今回のベアリングカルテル問題が明るみになったのは、「課徴金減免制度」がきっかけです。日本では2006年の独占禁止法改正で導入されました。公正取引委員会が調査を開始する前に、「談合やカルテルに関わった」と当事者が先に申し出ると、課徴金が全額免除

され、刑事告発対象から外れる制度です。トヨタ系のジェイテクトが申し出しました。

この制度を利用したのがジェイテクトですが、同社は、豊田工機と光洋精工が2006年に合併して誕生した会社です。ジェイテクトは、独立系である他の3社と異なり、トヨタグループに属し、自動車メーカーとの距離が密です。いわゆる密告制度なので、4社の中でみると「抜け駆け」「裏切り」だったかもしれません。しかし、倫理規範がしっかりと定着したトヨタグループに属し、よりコンプライアンスを重視しなければならない立場にありました。ジェイテクトにとっては、ベアリング業界に長らく根付く悪しき慣行からの脱却を誓ったともいえ、業界に自浄作用が働き始めた兆しとも取れるのです。

一連のペナルティを受けて、日本精工、NTN、不二越の各社はコンプライアンス強化に向け専門部署を立ち上げるなど、社内の教育・啓蒙に力を入れ始めました。ただ、長らく根付いた価値観を本当に取り除くことは、一筋縄でいかないのです。業界に注がれる厳しい視線に応え、今度こそ悪しき慣行を撤廃する覚悟が求められます。

こういった事件が繰り返されることは、あってはならないことです。学習によって変えていかねばならないのです。

事例2　オリンパス内部通報事件

この事件は、取引先からの引抜きを行っていることを問題視してオリンパスの従業員が内部通報を行ったところ配置転換を命じられたというケースです。通報を行った従業員は、配置転換が業務上の必要性を欠き、あるいは通報者への報復目的でなされた濫用的なものであるとして訴訟提起しました。請求内容は配置転換先で就労する義務がないことの確認と、配置転換とその後の処遇を理由とする損害賠償請求です。

この事件では誰が内部通報したのかを通報窓口（コンプライアンス室）の担当者が通報者の上司に知らせてしまったこと、訴訟継続後に会社側がさらに２回目、３回目の配置転換を命じていることも特徴的です。

　第一審（東京地裁）は業務上の必要に基づいて配置転換がなされているとし、また、通報内容が公益通報者保護法上の通報対象事実にあたらないとして従業員側の主張を退けて請求棄却しました。

　これに対して控訴審（東京高裁）は、事実経過から内部通報者に対する制裁として配置転換がなされたものと認定して、従業員側の請求を認めました。

　こうした判断に関係する事実経過としては、前回の人事異動の半年後に本件の１回目の配置転換がなされていること、原告従業員が内部通報を行って間もない時期に配置転換がなされたことが判決中で指摘されています。また、２回目、３回目の配置転換についても１回目の配置転換に引き続く一連の処分として濫用的との判断がなされています。逆転敗訴となった会社側が最高裁に上告しましたが、最高裁でも控訴審の判断が維持されています。

　内部通報を行ったことを理由として会社が従業員（通報者）に対して不利益処分、嫌がらせを行うことが断じて許されないことは、当然なことです。これを許しては、内部通報する仕組みが成り立ちません。解雇、配置転換など文字通りの「処分」のほか事実上の嫌がらせも許されません。オリンパス事件では配置転換のほかにも、会社が通報者に「教育計画」等としてあえて生産性の低い作業をさせる等しており、この点も不法行為を構成するものと認定されています。

　この事件では通報窓口の担当者が通報者の氏名を明らかにしてしまったために、制裁的な配置転換がなされており、この点も見逃すことができません。オリンパスの内部通報規程においても通報窓口の担

当者には守秘義務が課されており、担当者の対応は明らかな規程違反です。通報窓口の担当者自身が規定を理解せず、あるいは軽視していたのです。通報者と通報窓口担当者との信頼関係がなければ内部通報制度は機能しません。制度の生命線ともいえる部分がオリンパス事件では欠けていました。

　また、オリンパス事件における通報内容については、第一審も控訴審も、公益通報者保護法上の通報対象事実となる不正競争防止法違反をいうものではなく、企業倫理上の問題行為を指摘するものと位置づけています。企業倫理上のことであれば公益通報者保護法上の通報対象事実にはあたらず、同法による保護はありません。公益通報者保護法については、適用要件が厳しすぎるため通報者に対する保護の範囲がせますぎるという指摘が立法当時よりなされています。

　この判決は、企業倫理上の問題として、裁判官が判断を下しています。制度を設けても、その運用が適正に行われなければ、全く意味をなさない事例です。

　ビジネス倫理として、正しい価値観を企業に根付かせることは、企業のリスク対策として非常に有効です。正しい価値観が何なのかを繰り返して、従業員に指導していきます。第1章では、その基本的手段を説明しました。次の第4章では、組織の大切さと、お金とのかかわりあいを見ていきたいと思います。第1章で簡単に説明した人の動機とリーダーシップを、組織の力で動かし、コントロールすることができます。組織を手段として使うことで、リーダーが個人的に批判を受けることなく、かつ、組織の力で継続的にビジネス倫理を定着させることができます。

第4章
経済倫理
―― 倫理学を学ぶ上で助けになる、
現在の倫理的な考え方を考察 ――

第Ⅲ部　倫理行動規範の作成

1 グローバル経営の倫理条件

（1）経営倫理の推進：現地経営の社会的経営戦略

　日本企業が海外で事業展開する際、日本と異なった文化、商習慣、法制度、価値観等を理解する必要があります。相手国の習慣や文化を理解しながら取引をしないと、とんでもない勘違いを起こすこともあるのです。

　日本企業の海外直接投資は1980年代後半から急速に拡大しました。日本では今後人口が減少し、市場規模の減少は避けられません。日本企業にとって、企業活動の国際化は不可欠です。国際化に伴って、進出目的や進出地域および進出産業分野等の多元化もかなり進み、受入国の政治体制、経済秩序、文化伝統、商慣習等の現地事情に対応していかなくてはなりません。経営現地化の問題は重要な研究課題となっています。

　経営現地化という問題は、企業の経営管理活動のすべての側面に関わりを持ちます。外国での事業展開は、日本の投資企業側の投資目的、経営方針、管理手法、経営資源の移転等に大きな関わりを持ち、本社のグローバル経営戦略に依存します。一方、進出国側では、日本の本社や現地企業の経営方針だけでなく、受入国の投資環境、経済発展段階、外資受入政策等の外部要因にも大きく影響されます。

　現代の企業は組織で動いています。その組織を構成するのは人です。人はどのように考え、組織を構築していくのでしょうか。組織を意識しながら、個人の意思決定を考察することは、ビジネス倫理を考える上で非常に役立ちます。

(2) 経済倫理の問題

　何度も繰り返しになりますが、倫理には正解や結論はありません。いろいろな環境のもと、最善と思われる倫理観は変わります。法律で定められていることさえも時に間違っていることもあります。人間として当然やってはいけないことも、文化や風習によって変化します。経済活動の中で、どこまでが倫理的行動なのかは、難しい問題です。

　例えば、会社の組織を考えても、最善と考えられていた組織も、長期に亘ると腐敗が始まります。常に、改善改革を考えて、構造を変革し、組織を新鮮に保たなければなりません。人は、組織の中では通常と異なる行動をとることがあります。組織の在り方の基本を学習し、その後の人間行動の習性（行動心理学等）を理解しておくと、誤った行動や判断を少なくすることができます。

　現在の社会問題となっている、「いじめ」「セクハラ」「パワハラ」等の行為や過酷な労働環境を作ってしまっているいわゆるブラック企業も、見方を変えれば組織の問題です。また、倫理上の問題でもあるのです。販売促進に、行動心理学が応用されることがあります。これも、考え方によっては倫理上、問題があるのです。倫理観の答えはありませんが、総合的な学習を続けることで、組織の在り方や心理学の見地から、ある程度の許容範囲が見えてくるでしょう。

(3) 組織論の基本

　倫理学を学ぶ前に、基本的な組織論を復習しておきましょう。倫理的な行動をとるという以前に、組織の中での人間のとる行動の基本を知っておく必要があるからです。その上で、倫理観を持った行動をとることが大切です。組織の一員になって行動することは、自分の意志で、決断しながら

行動するよりも、比較的に楽なことが多いのです。また、組織が自分を守ってくれるという安心感もあります。

　ビジネス倫理は、企業内の倫理観を問題にしているので、組織の一員になることで、その守られた場所で、通常の自分ならとらない行動を、誤ってとってしまうことがあります。また、一方で、正しい組織の中では、誤った自分の行動を、組織の一員として行動することで、自然と直してもらえます。その性質を知った上で、ビジネス倫理観を持たねばなりません。そこで、その理解を深めるために、組織について触れたいと思います。

2 マクロ組織論（組織理論）

　マクロ組織論とは、社会集団としての組織の構造やデザインを問題にしており、アプローチは社会学的です。組織目標を達成する上で、どのような組織構造にするか等を取り扱う理論です。ここでは、マクロ組織論での古典的理論を説明します。

　組織論の研究の変遷は、初めにマックス・ウェーバーが、合理的な組織としての官僚制を提唱しました。その特徴は、高度の階層性、非人格性、明文化されたルールによる管理、業績に基づいた昇進、そして作業の専門分化です。高度の効率を実現することができ、現代の巨大企業の組織のあり方そのものです。そして、最善の組織構造を追求したアンリ・ファヨールら、古典的管理論者の管理の原則は、その後のコンティンジェンシー理論に至っています。コンティンジェンシー理論とは、組織構造というものは、どのような環境に置かれようと最適となるような形式が存在しないため、周囲の変化に応じて絶えず変化をさせつつ経営する必要があるという理論です。これは組織内での人事においても当てはまります。最適なリーダーシップのスタイルというものは存在しないため、人をうまくまとめるためには決められた方法を続けるのではなく、現状に応じてリーダーシップのスタイルを変化させるべきであるということです。組織が陳腐化しないように、大企業が定期的に大規模な組織変更を行うのは、この理論を実践し応用しています。

　古典的管理論の主要原則（ファヨールら古典的管理論者により提唱された原則）は、まとめると以下の通りです。
　① 　階層性（スカラー）の原則
　　　ピラミッド型の組織において、トップから作業レベルまでの責任や

権限を明確にします。その命令の一貫性を確保します。
② 命令一元化の原則
　複数の上司から命令を受けるべきではなく、一元的に行われるべきです。マトリックス組織ではこの一元化は行われません。
③ 統制範囲の原則
　1人の上司が監督する部下の人数は、限界があります。監督範囲適正化の原則です。適正な人数は約6人といわれますが、上司の能力、部下の能力、仕事の性質等の組織の状況によって決まります。
④ 専門化の原則
　組織の諸活動は、専門化することにより、効率的に行うことができます。また、人は分化した仕事に集中することにより、専門化が進展します。
⑤ 権限委譲の原則
　反復的に生じる問題の決定や処理は、定型化された仕事として、ルーティングとして行われます。ルーティングの仕事の意思決定は、部下に任せるべきです。上司は、重要な問題、非定型的問題についての意思決定を行います。

　しかし、人間の反応は単純ではなく、原則通りにはいきません。経済環境は、常に変化しているのです。コンティンジェンシー理論では、内部・外部環境のあらゆる条件に適する組織はなく、組織構造にせよ、リーダーシップにせよ、現代に有用な理論は、ある意味で、すべて条件適応（コンティンジェンシー）といわれます。この条件適応が倫理面でも必要になります。

3 ミクロ組織論（組織行動論）

　ミクロ組織論とは、リーダーシップ、モチベーション等、組織内のメンバーの行動に焦点を当てたものです。主なアプローチは心理学的ですが、組織目標を達成する上で、どのように個人や集団に働きかけるか等を考えることは倫理面でとても役に立ちます。

（1）モチベーション理論（古典的理論）

　モチベーション理論は、組織における個人行動を見る場合に参考にします。モチベーション（motivation）とは動機づけの意味で、「目標達成のために努力を行う個人の意思」と定義されます。以下で、古典理論を説明します。

❶ ホーソン工場実験

　90年ほど前に、ウェスタン・エレクトリック社ホーソン工場で行われた実験、実証研究のことです。1927年～1932年に、作業者の生産性向上の要因を追求する目的で、生産性に関連するとした原因変数を「作業方法」、「材料の変更」、「疲労」、「作業室の温度」、「睡眠時間」、「天候の変更」等の変数として実験しました。当時は、テイラーの科学的管理法が支配的でしたが、結果は、統計的な有意差なしとなりました。つまり、結論として、物理的作業条件をよくすれば作業効率は上がる、という古典的管理理論の命題を否定することになりました。また、生産性が向上した作業者への質問より、それまでは軽視されていた職場の人間関係（インフォーマルな集団の役割等）や集団における人間的側面の重要性を指摘する、新しい視点が

導き出されたのです。

　ホーソン実験の後に、組織に働く人々は、集団や人間関係だけでなく、仕事そのものに動機づけられ、仕事を通じた自己実現を目指して成長していくという考え（人間主義心理学）に発展しました。その代表理論に1960年代から、エイブラハム・H・マズローによる欲求階層理論やダグラス・マグレガーによるX理論・Y理論で、人間の能動的で主体的な側面を強調する人間観が主張され始めたのです。

　ビジネス倫理は、まさに心の問題なので、リーダーシップや動機づけが非常に大切なことを覚えておきましょう。動機づけにより、人は行動します。正しいビジネス倫理が企業内に定着している場合は、間違った行動をその心の中の動機によって避けることができるのです。特に、組織では、リーダーの命令に従うことは、組織行動では当然です。そのリーダーのビジネス倫理観が、すべてに影響を与えます。そこで、組織の中で、リーダーの持つビジネス倫理観の重要性を認識しておきましょう。

❷　マズローの欲求階層理論

　マズローはこの理論の中で、人間が持つ次の5つの基本的欲求を仮定しました。

1．生理的欲求
2．安全でありたい欲求
3．帰属・愛情を得たい欲求
4．尊敬を得たい欲求
5．自己実現をしたい欲求

　これらの欲求が、低次から高次まで、階層をなすような関係を仮定しました。自己実現という欲求概念は、人間が仕事を通じて自己の能力を発揮していくことをそもそも望んでいるという説です。倫理面で、人間性に強

い期待と楽観を示したのです。

　欲求階層理論をもとに、管理者の立場から見て、部下が持つ人間の本性を相異なる２つの理論として対比させたのが、マグレガーによるＸ理論・Ｙ理論です。

❸　マグレガーのＸ理論・Ｙ理論

　Ｘ理論：人間は生来働くことを好まず、責任を回避します。また、大志を持たず、何より安全を希求するものです。つまり、組織の目標達成のためには、命令や強制、処罰の脅威を与えなければならないと考えます。

　Ｙ理論：仕事で心身を使うのは人間の本性です。人としての尊厳や自己実現といった報酬が与えられる場合には、自ら率先して組織目標達成のために献身し、自己統制を行い、積極的に責任をとり、創意工夫を行うと考えます。

　分権、権限委譲、参画的経営、目標管理等で、使われます。マグレガーによれば、この２つの理論に基づいて、管理者が仕事に対する人間（部下）の動機を正しく理解することによってはじめて、適切な管理ができると考えるのです。

❹　ハーズバーグの動機づけ衛生理論

　マズローの欲求階層説やマグレガーのＹ理論は、それぞれ自己実現欲や企業における「人間的側面」の重要性を指摘しました。また、組織における人間性の回復というヒューマニズムを根底にしていましたが、これらの理論は仮説の域をでない面がありました。これに対して、実証研究の中から生まれてきたのが、この理論です。

　ハーズバーグは1950年代に、約200人の会計士、技術者を対象に職務

満足、不満足と労働意欲の関係を調査しました。

実証研究では、「あなたが現在の仕事あるいは過去に経験した仕事について、特に満足したこと、あるいは不満足であったと思ったときのことを考えてください。これは長期、短期どちらの場合でも結構です。そのとき何が起こったかを話してください」という質問です。その結果、一致した傾向は、仕事への満足感は、一般的に仕事の内容に関連し、不満足感は仕事の環境に関係していたということです。この職務満足要因を「動機づけ要因」（仕事の達成、やりがいのある仕事、重い責任、業績が認められること）、職務不満足要因を「衛生要因」（監督者・同僚・部下との関係、組織の政策と管理、給与、労働条件、職務安定性）と命名しました。動機づけの二要因理論といわれます。

この理論の意義は、それまでの人間関係論者が議論してこなかった「衛生要因」の重要性も指摘したことにあります。

倫理的な考察をすると、マズローがその欲求階層理論、マグレガーがY理論、また、ハーズバーグが動機づけ要因の重要性を考えると、その背景には、必ず人間の幸福に対する先天的な価値観が存在します。しかし、企業組織の目的はあくまで利潤の追求で、利益の上がらない状況では、労働者の福利の向上に力を入れる余裕はなく、実施することはできないのです。

ここでも、ビジネス倫理を考える上で、重要なヒントがあります。人が幸福感を感じる価値観を、ビジネス倫理を通じて共有する組織づくりが必要となります。

❺ コンティンジェンシー理論

ポール・R・ローレンスとジェイ・W・ローシュによるコンティンジェンシー（条件適応）理論では、組織が直面する不確実性に対する適応のあり方が示されています。ローレンスは、外部環境が安定的で予測可能であれば（不確実性が低い状況）、合理的な計画や固定的な組織構造が適合す

る余地は大いにあります。反対に、外部環境が不安定で予測不能であれば（不確実性が高い状況）、環境の変化に対応できる柔軟な組織構造と、分散化された意思決定のあり方が適します。不確実性の高い状況で、高い成果を上げる組織では、各部門の「分化」が進みます。そして同時に起こりうる組織全体の調整の困難さを「統合」の機能を進ませることにより対応することを示しました。

　内部・外部環境のあらゆる条件に適する定型的な組織は存在しません。最善の組織構造やリーダーシップは、現代の状況変化に対応しなければいけませんが、1つの定型的な理論では有効に機能することは難しいのです。つまり、すべて条件適応（コンティンジェンシー）なのです。

　人の行動の倫理的な側面を考えるとき、心理的な側面に注目することが重要です。双方を理解しながら、全体を把握する必要があります。

4 心理学の実験

(1) モチベーション (動機づけ) の実験

20世紀前半までは、スキナーらが提唱していた行動主義により、報酬がモチベーションを上げると思われていました。しかし、心理学者デシは、好奇心旺盛な幼児が小学校に上がると好奇心が急激に低下するのは、子供への報酬に問題があるのではないかと考えました。これは、次のデシの心理学実験によって実証されます。スキナーらの、外発的動機づけに対し、内発的動機づけという考え方です。

「デシの実験の概要」
パズルを使った実験内容

大学生の間で当時流行っていたソマというパズルを使って実験は行われました。大学生を2つのグループに分け、パズルは7種類のいろいろな形をしたブロックを組み合わせて、飛行機や犬など図示された形を作るという内容です。学生には5種類が用意されました。なおパズルは両グループに解けるように計画されています。これを3回行いました。

第1回目は、両グループとも普通にパズル解きを行いました。第2回目では、1つのグループにパズルが解ける度に報酬を与えることを約束し、実際に守られました。第3回目では、両グループとも第1回と同じように実験が行われました。

パズルでの報酬一覧

	第1回	第2回	第3回
グループ1	報酬なし	報酬あり	報酬なし
グループ2	報酬なし	報酬なし	報酬なし

そして、どの回も2回解けるごとに、8分間の休憩を取ります。その間もミラー越しに観察します。実験室には、雑誌や魅力的な玩具があります、その8分間は自由な時間を過ごしていいと学生たちに伝えてあります。その間も必死にソマパズルを解くことは、意欲が高いとされました。学生が授業を終えた放課後も勉強を続けていたら、意欲がある生徒です。デシはそう考え、解けた後も継続しパズルを解いている状況を観察しました。

実験結果は、第1回から第3回までの自由時間にソマパズルに取り組んでいた時間の変化を見ると、報酬を与えたグループには低下が見られましたが、もう1つのグループでは変化が見えませんでした。この結果より、与えられた課題に対し、報酬が与えられることで、意欲が下がることがわかりました。

他にも対象を変え、課題を変え実験は行われましたが、罰による脅迫（1972年）、監視（1975年）、締め切りの設定（1976年）、課題の割り当て（1978年）、目標の押しつけ（1980年）、評価の予告（1982年）、否定的フィードバック（1984年）、指示命令（1993年）、競争（1996年）に対しても意欲を下げる結果が出ています。

心理学では、この現象をアンダーマイニング現象、この効果のことをアンダーマイニング効果といいます。結論として、選択の自由がモチベーションを高めることがわかります。つまり、1つのグループには、どのパズルを解くか、パズルにどれだけの時間を費やすかを選択させました。もう1つのグループには、最初のグループが選んだのと同じパズルを同じ時間で解くように伝えます。結果は、単純な選択でも、その選択の機会が与えら

れたグループは、制限されたグループに比べ意欲は高くなりました。意欲が高まるこの現象をエンハンシング現象、効果をエンハンシング効果といいます。

　モチベーションを上げる３つの欲求が必要です。モチベーションを高める内発的動機づけには、３つの人間の持つ基本的な欲求が影響しています。それは、①有能性（competence）の欲求、②自律性（self-determination）の欲求、③関係性（relatedness）の欲求です。

　①　有能性の欲求

　「自分はそのことができる」という自信からステップアップしようとする心です。環境に自ら働きかけて、それが確認できると意欲が高まります。成長していると感じることが大切です。

　②　自律性の欲求

　自律性あるいは自己決定能力は、「自分の意思で自由に選択すること」を指します。自主的に行っていることが重要なのです。

　③　関係性の欲求

　「誰かと結びついていたい」という人間の傾向です。関係性の欲求を単独で満たしても、意欲は高まりません。また、関係性の欲求は他の要因で意欲が高い段階では、あまり影響はありません。継続的に、高い意欲を保つときに関わってきます。同時に、自律性の欲求、有能性の欲求を強める必要があります。意欲が低い段階で、関係性が強く関わります。

(2) モチベーションを上げる方法

　上記の実験等から、他人からやらされている、コントロールされていると感じている場合はモチベーションが下がります。自分の意志で行動をとるときはモチベーションが高まるということがわかります。つまり、理論

上は、自分で選択し、自分のスキルアップのため、みんなと一緒に頑張ればモチベーションは上がるということです。

つまり、モチベーションとの関係を調べた実験の結果は、次のようにまとめられます。与えられた課題（仕事）に対し、①「報酬が与えられること」で、意欲が下がります。他にも対象を変え、課題（仕事）を変え実験を行うと、②「罰による脅迫」、③「監視」、④「締め切りの設定」、⑤「課題の割り当て」、⑥「目標の押しつけ」、⑦「評価の予告」、⑧「否定的フィードバック」、⑨「指示命令」、⑩競争に対しても意欲を下げる結果がでています。この現象をアンダーマイニング現象、この効果のことをアンダーマイニング効果といいます。つまり、「選択の自由」がモチベーションを高めるのです。仕事に対するモチベーションは、必ず必要なものです。モチベーションの維持と仕事の効率に関しての実験があります。モチベーションがなくなると、人は仕事をしなくなります。

しかし、あくまで意欲の問題です。強制的にでも課題をこなしていけば、自分のスキルはその意欲に関わらず、上昇していきます。モチベーションが下がっていても、やらないよりもやった方が自分のスキルアップのためには、効果があります。大学生のときに、実際は勉強したくないのですが、単位取得のため期限までにレポートを提出しなければならず、モチベーションは低下している状態で苦痛を感じながら英語で書かれたアメリカの判例を調べたことがあります。それでもそのおかげで、次第に英語が読めるようになりました。モチベーションが低下していても、前進はできるのです。ただし、モチベーションのない状態では、仕事の効率は非常に悪化します。

モチベーションの低下が仕事の効率を下げる事例を挙げます。以前勤めていた会社の上司にレベルの低い人がいました。本部に上げる稟議書の書き方について、その体裁や基本的な考え方を、しつこいくらいに細かく繰り返し、かつ否定的に指摘してきました。それが一般的に見ても、正しけ

れば問題ないのですが、要点ではない枝葉末節の自己流スタイルを押し付けてきます。これでは部下（私）は、自主的に考えて動くという気持ちをなくします。部下にとって、モチベーションがなくなります。仕事の目的は「上司の自己満足の充足」になります。「仕事の達成」による満足感は全くありません。必然的に無駄が多くなります。また、内容も悪く、質も低い出来栄えのものが完成しました。もっと、モチベーションを上げる指導方法があったと思います。

　モチベーションの高い状態とは、仕事に関してどれくらい自分の考えや判断で行動を決めることができるかです。自分が納得できる目的に対して達成が可能だという見込みのもとに、高いモチベーションは生まれます。この方法なら、行動することができるという安心感から生まれてくることなのです。

　会社組織の中で、上司や社風から良いモチベーションを与えてもらえる状況が最善です。しかし、実際の組織では、そうでないこともたくさんあります。どんな状況にあっても、高いモチベーションを自分で作り出し持ち続ける手法を身に付けると、気が楽になります。モチベーションを維持できる人に共通しているのは、①些細なことを気にしない、②大きな目的を心にしっかりと持っている、③目的を達成するために必要な手段、方法、知識や独特の技法を知っている、④自分自身のコンディションの維持ができる、⑤標準を知っていて、大きくぶれない、という特徴です。

　モチベーションを維持できる人は、周囲の環境や状況の変化でぶれないので、倫理面でも大きな間違いを起こすことはありません。大きな目的を達成するため、長中期的な、行動計画を立てています。また、短期的には、達成すべき目的変更・修正可能な手段を設定することができるのです。夢が大きくても、その実現に対して現実的な努力を何もしない人やその達成方法の見通しが立たない人は、行動の原動力となる「モチベーション」の問題までたどり着いていません。

組織から与えられる、つまり自己以外の外部から与えられて、モチベーションを高めることは、一体感のある関係性の高い組織の一員と自らが感じているときに起きます。その場合、正しい大きな経営理念のもとに動くことになります。経営陣の壮大なモチベーションのもとに動いているのです。その場合、自分自身の仕事は、経営の中期・短期の目標の一部になっていると感じられるときです。反対に与えられても不快な内的動機（先の上司の事例）というのは、①その目的がない場合、②目的が定まらないでぶれやすい場合、③手段が思いつきや適当で、あまりにも低俗で賛同しづらい場合、④到底達成できない目的が設定されている場合に感じます。

簡単になくならないモチベーションを維持しようとするなら、まずは自分自身で周囲の環境に簡単にぶれたりしない大きな目標を設定して持つことが必要になってきます。自分自身で周囲を巻き込めるほどの大きな目的を持つ努力をすることです。

次に介護施設での失敗事例を示したいと思います。介護の分野は、少子高齢化によって、高齢者が増加しています。また政府が積極的に財政支援をしているので、経済成長が見込める分野です。しかし、ビジネス倫理上の問題が機能せず、全体の成長の中でも、成功できませんでした。次に挙げる事例は、従業員の動機づけの問題です。事例1．2は、経営者の倫理観の欠如です。

モチベーションの事例1　介護施設

医療・介護分野の人材派遣を行っているA社があります。A社は、高齢者が増えるに従って、市場規模が拡大し、確実に成長してきました。しかし、規模が大きくなるとともに、就労者の離職率が上がり様々な問題が発生してきました。この問題を経営者のビジネス倫理面から、考えてみたいと思います。

〔A社の具体的な活動〕

　A社は医療に関する人材を病院や介護施設に派遣する派遣業者です。大まかな業務内容は、インターネット等により、医療関係施設で働くことを希望している看護師、理学療法士、作業療法士、介護福祉士、言語聴覚士等の専門家を募集します。インターネットを介して登録してもらい、一方で、医療施設に営業を行い彼らが働く場所を探し出して、マッチングさせて手数料を取ります。派遣業なので約35％がA社の収益になります。幸い市場規模は高齢者の増加により拡大しているので、売上は進展しました。しかし、売上の増加にも関わらず、収益は伸びませんでした。会社の経営理念は、高齢者に少しでも良い医療を提供し、そのための人材を適材適所に送り込むということです。素晴らしい考え方ですが、そこに発生した問題は、優秀な従業員を維持することができずに約半数の者が退職していくということです。

　調査してみると、問題は以下のようなことでした。これが大きな退職理由です。
①派遣受入先の医療機関は常に人手不足なので、人材を常に募集しています。優秀な人材は派遣でなく、正社員として確保しています。それでも給料（年収）は約400万円前後です。派遣社員は、正社員よりも待遇は悪く、さらに給料も少ないのです。そこに派遣社員を送り込むのがA社の従業員の仕事です。派遣受入先では派遣と正社員で競合します。
②医療機関を回る営業マンには、専門的な知識が要求されます。しかし、その専門知識に見合う賃金は得られません。経営理念は高く、その理念に賛同して入社したのですが、実際の営業の仕事は、忙しい医師や事務長と面談し、そのニーズを探る難易

度の高いものです。しかし、仕事のレベルに見合う給料設定にはなっていません。
③派遣社員として登録する人たちは有資格者ですが、長時間勤務やフルタイムでの仕事を希望していない人も多く、医療施設のニーズに必ずしもマッチしていません。その人たちを説得して、派遣社員として働いてもらうことも、A社の従業員の仕事です。しかし、そのニーズに応えていません。

社会的ニーズがあり、老人を介護し、少しでも苦痛を和らげるための仕事をするとても正義感のある有意義な仕事です。それでも、実態は経営理念と雇用待遇は一致しないのです。ビジネス倫理とは、利益を上げるという企業を永続させる最も基本的で重要な課題をクリアしながら、社会貢献できる組織体を構築しなければならないのです。この問題について、考えてみましょう。

時間の自由と引き換えに、派遣社員の待遇を選んでいることがA社で働く理由です。一方で、自身は専門家の有資格者なのに、扱いが一般的な派遣社員と同等で、不満が出ています。給料が低いので、時間の優位性を少し我慢すれば、正社員の働き口があるので、正社員に流れています。給与体系の見直しか、給与以外での待遇の見直しが必須のようです。

ここで大事なことは生きがいを感じられる職場にすることですが、具体的には、以下の事項です。問題点を指摘することは容易です。しかし、この問題を限られた資金の中で解決することは簡単ではありません。ビジネス倫理（高い経営理念）と経営コストのバランスの問題になります。
① 給与面を有資格者としての特別な派遣社員とみられるように引き上げる。本人のプライドを満足させることが大切です。
② 給与面以外の待遇の改善を図る。福利厚生面や移動手段の改善等

です。
③ 自らが成長できるスキルアッププログラムの実施や各人の目的や都合に合わせた時間配分の実施等です。
④ 給与の改善が一番ですが、そのコストアップの対策が必要になります。

モチベーションの事例2　コムスン事件

　2006年当時、訪問介護最大手企業のコムスンが、介護保険の不正請求をきっかけに厚生労働省の処分を受け、最終的に、会社資産のすべてを分割譲渡された一連の事件のことです。

　コムスンは、東証一部上場の人材派遣会社グッドウィル・グループの中核企業でした。2006年12月から2007年5月にかけての同社の介護報酬の不正請求や違法な指定申請が発覚し、同社は処分を逃れるため当該事業所を閉鎖しました。これに対し厚生労働省は、この行為を悪質と判断し、2007年6月に、事業者が重大な不正を働いた場合、他の事業所も含め5年間、新規指定や6年ごとの更新を受けられなくなるとの規定に基づき、この厳しい処分を下しました。

　コムスンは一時、グループ内の別会社に譲渡する方針を決めましたが、「処分逃れ」との批判を受け、外部への譲渡に転換しました。同社の第三者委員会（堀田力委員長）は、2007年9月までに、47都道府県ごとに他の大手介護事業者や医療法人への分割譲渡を決めました。施設介護の分野は、業界大手のニチイ学館が受け継いでいます。民間の参入も認めた介護事業者の不正や無駄遣いを防ぐことが新たな課題として残りました。

　高齢化により、介護の重要性が増している中、規制緩和により広く民間に参入を認めたことが、不正につながりました。コムスンは、

その行為の悪質さから、ビジネス倫理は存在せず、利益のみの経営姿勢がうかがえます。

　事例1は、従業員の気持ちと経営陣の経営理念が一致していないことが原因で、経営が傾いています。経営陣が、現場での労働の価値観を理解していません。事例2は、営業店の不正請求を、経営陣が隠ぺいする行為に及んだために、監督官庁から企業そのものに、事実上の解散命令が出たものです。こちらは悪質です。経営陣の利益優先の経営に、営業店が不正請求という形で利益を上げようとしました。そのことが発覚したため、経営陣がその隠ぺいに走ったのです。経営陣の不正の代償は大きく、会社は解散となりました。

モチベーションの事例3　アメリカのダニエル・ピンクとダン・アリエリーの講義から

　この2人の講演から、人の心を動かすことが、些細なことでも可能なことがわかります。また、些細なことに誘導されてしまうこともわかります。ビジネス倫理として、共通の価値観を企業内に定着させるための参考になると思います。以下はインターネット授業からの引用です。

1、ロウソク立てを壁に固定する実験（1945年のカール・ドンガーによる）
　テーブルに蝋が垂れないように、ロウソクを固定してください。準備した次の①、②の状態で実験します。
　①　ロウソク、画鋲、画鋲を入れる箱を置いて、実験を行う。画鋲は箱に入れておく。
　②　画鋲を箱に入れないで置いておく。

この2通りの実験では、画鋲を箱に入れる、入れないだけの違いです。箱に入れてない場合は、その箱を、ロウソクを固定するために使うことがすぐにわかり、②の方が圧倒的に、正解が早くでてきます。先入観は、成果に大きな影響を与えるのです。人の気持ちとは、実際にその場の環境に大きな影響を受けます。モチベーションを高めるには、その少しの環境整備でも大きな結果が出せることがあります。ビジネス倫理の環境整備も大きな成果に結びつくことがあります。

2、学生に対するパズルの実験（ダン・アリエリーの実験）
　報酬が結果に与える影響の実験です。実験方法は記述のデシの実験と似ていますので省略します。結果は同じです。複雑なクリエイティブな仕事にとって、報酬は悪影響を及ぼします。
　実験内容
① 報酬を三段階で用意する。報酬と成果の様子を見る。
② 作業は単純なプラモデルの組み立てを行う。
③ 報酬に仕事量が増減するか、影響を与えないかを記録する。

　機械的にできる仕事は、報酬に比例して仕事量が増加し、報酬の効果があることがわかります。しかし、多少とも認識力を必要とする考えさせるクリエイティブな仕事は、報酬には影響されないことがわかりました。報酬はむしろ逆効果となることが判明したのです。この実験は、アメリカだけではなく報酬が相対的に大きな金額になるインドでも行われました。結果は同じで、もっとも高い報酬を受けたグループが、最低の仕事量となったのです。
　報酬は、認識力を要求される多少たりとも複雑な仕事には、悪影響を及ぼす結果となるのです。

ビジネス倫理を策定するときは、従業員自らが正しい方法を選択でき、そしてその責任をとる、自由意思での参加が大切になります。クリエイティブな仕事をさせることが前提の場合は、報酬だけでない仕組みを構築する必要があるのです。単純な成果主義は、複雑でクリエイティブな仕事を要求される現在の職場では、効果を持たないことになります。

これは、これからのマネジメントのやり方を再考させる実験です。

モチベーションの事例4　グーグルの事例

既に成功している事例として、グーグルの勤務体系があります。従業員の仕事時間で、何でもできる自由な時間を全体の20%確保し、その中で自分の好きなことをしてもよいことにしました。そうしたところ、なんとその20%の時間の中で生まれたアイデアが、今のグーグルのサービスの50%を支えているというのです。Gmail（無料メール）、Orkut（グーグル運営のソーシャルネットサービス）、Google New（ニュース）等がそれに当たります。この20%の時間は、すべてに自主性を持たせ、何に使うかは個人に裁量権を与えているのです。また、気分転換のための休憩施設やフィットネスジム等が設置されています。

実証できない過去の神話に従って経営をするのではなく、現在の実験によって立証されているデータに基づいたマネジメントに移行すべきなのです。ビジネス倫理を策定するときも、常に従業員にやる気を出させる仕組みが必要なのです。

動機づけに対するアプローチは、「重要だからやる」「好きだからやる」「やってみたいからやる」「面白いからやる」「重要な一部を担っているからやる」等から、類推される以下の3ポイントになります。

① 自主性：自分の人生の方向は自分で決める
② 成長：何か大切なことに対して、上達したいという気持ちがある
③ 目的：私たち自身よりも、より大きな何かのために活動したい

一方的に機械的な作業をさせるのではない従業員には、参加を促すマネジメントは、自主性が非常に大切なことに気が付きます。

モチベーションの事例5　その他の事例

「発表会」

オーストラリアのソフトウエア会社の事例です。この会社は、年に1回、24時間（1日）何をやっても良い日を設けています。1日の終わりにその成果物を発表します。その成果物（ほとんどがソフトウエアの修正や新たな提案）は、この会社の製品の改善に大きな効果を上げています。

この発表会の場というのもモチベーションを上げる大きな要因になります。日本でも、カラオケスクールやダンススクールを成功させるには、発表会は必須アイテムです。

「自由裁量制」

アメリカのA社には、従業員にスケジュールがありません。好きなときに出社し、好きなだけ働き、好きなときに帰ることができます。ただし、仕事を成し遂げなければいけません。仕事の効率が上がり、雇用期間が延び、離職率は低下し、会社の業績が向上しました。

半導体検査機器メーカーのディスコのように、掲示された仕事を、自分の能力に合わせて自主的に選択し、自分でその価格や納期を決

めることまで自由に任せている会社があります。

「失敗事例」
マイクロソフトのEncarta（電子百科事典）を多額の投資で、多数の専門家を集めて作ったにも関わらず、失敗してしまいました。一方、報酬のない自主的に運営されているウィキペディアは非常に成功しています。

　ビジネスを成功させる組織を構築するには、内的な動機づけ、外的な動機づけが必要です。また、報酬以外の飴と鞭（アメとムチ）を併用することも大切です。動機づけは外部からのものではなく、自ら考えるものです。見えない内的な意志が大切です。自分のためにやる仕事が最後は勝つのです。ビジネス倫理を構築する上で参考にしなければなりません。現在社会の根拠のない慣習にとらわれずに、新たな科学の実証された成果に基づいて、マネジメントを変えていく勇気が必要なのです。

5 具体的な事例

(1) 企業倫理から発生した不祥事

　企業倫理の必要性について、身近な事例をいくつか紹介します。これらの事件は、直接的には企業内で働く従業員個人やその仕入先・関係先が犯したことですが、その影響は企業の業績に大きく影響を与えています。経営倫理やその企業内で従業員が考える価値観は、もはや個人の問題ではないことがわかります。企業の組織の問題なのです。

　このような問題が起きることを避けるために経営者は、倫理的行為を支援するための支援システムを定着させなければなりません。正しい企業倫理を定着させることで、また、企業としての組織的な措置を決定しておくことで、不法行為や不適切な行為を予防することができます。企業倫理の徹底は、組織と従業員の在り方に大きな影響を与えます。

事例研究 1　雪印集団食中毒事件

　2000年の6月から7月にかけて、近畿地方を中心に雪印乳業の乳飲料による集団食中毒が発生しました。食中毒の原因は北海道広尾郡大樹町にある大樹工場で製造された低脂肪乳の主原料だった脱脂粉乳製造時の停電事故による毒素（エンテロトキシン）の発生でした。この毒素の入ったままの乳飲料を市場に流通してしまったのです。

　1955年3月にも同様な事件が北海道八雲町の工場内で起きています。このときはたまたま停電と機械故障が重なる日に、原料乳の管理が徹底されず、長時間にわたり原料乳が加温状態にさらされたことか

第 4 章　経済倫理

ら、溶血性ブドウ球菌が大量に増殖しました。前日の原料乳が使い回されるといった製品管理も重なりました。雪印乳業は発覚後、即座に謝罪と製品回収、謝罪広告の掲載、被害者への謝罪訪問等、先手先手で対応措置を展開。危機管理（リスクマネジメント）の対応という点では、当時の水準を遙かに上回る措置であったことから、企業イメージへの打撃を最小限度に抑えたばかりか、長期的に見れば企業イメージ向上にすら繋がったといわれています。

当時の雪印社長（佐藤貢）は、「全社員に告ぐ」という文章を作り、「信用を獲得するには長い年月を要し、これを失墜するのは一瞬であり、そして信用は金銭で買うことはできない」旨を記し、安全な製品を消費者に提供することこそが雪印の社会的責任であることを訴え続けました。その後も、雪印乳業は、昭和後期までは「全社員に告ぐ」を新入社員に配り、1955 年の八雲工場事件の教訓を常に教え、安全な製品作りを心掛ける教育を施していました。その結果雪印グループは、乳業トップ・食品業界でも屈指の巨大企業グループにのぼり詰めたのです。しかし、グループの事業規模拡大とともにトップブランドへの驕りが生じ、安全教育も風化していったのです。

そして 2000 年、皮肉にも 45 年前の当事件とほぼ同じ原因で雪印集団食中毒事件が発生してしまったのです。この際、安全教育の風化に加えて責任逃れに走る企業体質などの要因が重なって対応が後手、後手に回り、組織的な隠蔽や社長の報道陣に対する暴言等致命的な問題が次々と噴出しました。リスクマネジメントの観点では最悪の対応と揶揄される事態となりました。このため企業イメージは著しく失墜、雪印グループ解体の道を歩みます。リスクマネジメントの成功と失敗を、同一社内でほとんど同じ事件内容の対応で、演じてしまったのです。

事例研究2　雪印牛肉偽装事件

　2002年（平成14年）には、ハム・ソーセージなどの肉製品の製造・販売を行っていた雪印乳業の子会社雪印食品による雪印牛肉偽装事件が発覚しました。国内で発生のない牛の病気（BSE）対策として、国が疑いのある肉を買い上げる制度を悪用し、国産と表示して販売した事件です。

　相次ぐ事件で、雪印グループ全体が存続の危機に立たされ、事業全体の分社化と再編成を余儀なくされる結果となりました。さらに、雪印食品から発生した問題は、日本の農畜産業に内在する不正隠匿体質を暴露しました。そして、グループ創業の地である北海道の農畜産業全体へ消費者の不信感が広がり、単なる食品メーカー1社の不祥事では済まされない大きな社会問題になりました。

事例研究3　ミートホープ食肉偽装事件

　2007年6月、北海道苫小牧市のミートホープ社が、豚などを混ぜたミンチ肉に牛肉100％と表示し販売していたことが発覚しました。道警は不正競争防止法違反容疑で田中稔元社長ら元幹部4人を逮捕し、詐欺容疑で追送検した事件です。

　1976年の会社設立から数年後には偽装が開始され、その後長きに亘り消費者を欺いた悪質な事件として大きな問題になりました。具体的には、牛肉100パーセント表示の挽肉に、豚肉、鶏肉、パンの切れ端などの異物を混入させて水増しを図ったほか、色味を調整するために動物の血液を混ぜたり、味を調整するためにうま味調味料を混ぜたりしたこと等が判明しています。その他にも、消費期限が切れたラベルを張り替えて出荷したり、腐りかけて悪臭を放っている肉を細切れ

にして少しずつ混ぜたりする等の不正行為をしたとされています。

そして、牛肉以外にもブラジルから輸入した鶏肉を国産の鶏肉と偽って自衛隊に販売していたことや、サルモネラ菌が検出されたソーセージのデータを改ざんした上で小中学校向け学校給食に納入していたことも明らかになっています。

その後、約70人いた従業員は全員解雇され、同社は破産しました。この会社の場合は、ほとんど社長一人が発案し、他の部門の従業員に知られないようにしながら、半ば強制的に従業員に偽装を行わせていました。元従業員の内部告発からの発覚で、他の事件とは責任の所在が異なり、社長個人に大きな問題があった事件です。

事例研究4　マクドナルドのチキンナゲット

マクドナルドの仕入先での事件ですが、マクドナルドは、この事件の影響で大きく売上を落とし、経営に大きな影響が出ています。マクドナルドのチキンナゲットの仕入先（中国上海の食品会社）が、保存期限を過ぎた鶏肉を混入させた商品を日本に輸出していたことが発覚し、大きな問題になりました。中国の食品メーカーが使用期限の切れた肉を加工食品に用いていたということです。日本マクドナルド株式会社は同社のチキンマックナゲットの2割を問題の業者から仕入れていたと2014年7月に発表しました。なお、現在販売されているものは、すべて別の業者から仕入れたものです。

中国での調べによると、保存期限以外にも、「ブロイラーを不衛生極まりない環境で育て、年老いた鶏肉をやわらかくするため添加物を用い日本まで腐らないように防腐剤を使い、臭みを消すため化学調味料で味付けしてショートニング油（品質の低いトランス脂肪酸）で揚げていたということです」。また、中国国内のマクドナルドやKFC

で、抗生物質や成長ホルモン剤を過剰に投与した鶏肉が使用されていたことが判明しています。

マクドナルド本社には、法的責任はなく、単純に仕入先の問題という解釈もできますが、経営全般のリスク管理の問題と企業倫理の問題といえるでしょう。

事例研究5　不二家期限切原材料使用問題

不二家の埼玉工場で、2006年10月と11月の計8回に亘って、埼玉県新座市の同社埼玉工場でシュークリームを製造する際に、「社内規定の使用期限」が切れた牛乳を使用していました。このことは、同年11月までに社外プロジェクトチームの調査によって判明したものです。社内の規定での使用期限で、法的には何ら問題のない行為です。

結局このことは、洋菓子需要の繁忙期であるクリスマス商戦を乗り切った後の2007年1月に、内部告発を受けた報道機関の手により公になりました。その翌日に同社は、洋菓子の製造販売を一時休止する措置を取りました。その後、ずさんな食品衛生管理の事例が次々と明らかになり、企業倫理に欠ける安全を軽視した姿勢や隠蔽体質に対して、消費者から批判を受けることになりました。

しかし、後になり、事実と異なる報道があったことも一部で判明しています。法律違反をしていないまでも、一般消費者の感覚とずれた対応により、問題を深刻化させてしまった事例です。

事例研究6　ボパール化学工場事故

ボパール化学工場事故は1984年に発生した世界最悪の化学工場事故です。1984年12月2日から12月3日にかけての深夜、猛毒のイ

ソシアン酸メチル（以下 MIC）の入ったタンクの中に水が流入し、発熱反応が起きました。それによりタンク内の温度は 200℃ にまで上昇し、一気に圧力が上昇、MIC が大気中に流出し、有毒ガスが工場周辺の町に流れ出しました。この有毒ガスは肺を冒し、人を死に至らしめます。有毒ガスは北西の風に乗り、ボパールの都市へと流れていったのです。このボパール市街がスラムという人口密集地域で、また事件当夜の大気に逆転層が生じて有毒ガスは拡散せず滞留したため、夜明けまでに 2,000 人以上が死亡、15 万から 30 万人が被害を受けました。その後数か月で新たに 1,500 人以上が死亡する等被害は拡大し続け、死者の数は 2003 年 11 月 28 日付けの CNN.com のインターネットニュースでは 14,410 人となっています。

　MIC 漏洩の原因は、作業上のミスにより、以下の流れで起きました。

① MIC 貯蔵タンクに水が入り込み、MIC と水との発熱反応を起こした。
② 溶解した製造時の溶媒のクロロホルムが水の存在下で熱分解して塩素イオンを生成して、ステンレスタンクを腐食し鉄を溶出させ、その鉄の触媒作用で MIC のトリマー化反応（発熱する）を起こした。
③ その一連の過程がタンク内温度と圧力を上昇させた。
④ その結果タンクの安全弁が作動して、毒性の MIC ガスがタンク外へ放散した。

　この工場は、設計上 3 種類の安全装置を保有していました。しかし何れも停止中で役に立たなかったのです。管理面に重大な問題がありました。さらにその背景には、最終製品の商品需要がなくなり、経営が赤字であったため、親会社を含めて、一切の安全投資、安全教育・訓練などを放棄していたことが後日判明しています。リスクマネジメ

ント不在の経営だったのです。この教訓から以下のことがわかります。

① 経営状況が悪く労働環境がよくないと、従業員のモチベーションは下がります。この問題と安全面の問題は別でなければならないのです。最低限の安全対策や安全教育を怠れば事故が起こります。安全は企業存続の最低条件です。
② 化学薬品はその製造過程で毒性の強いものを扱うことがあります。毒性物質による被害は、非常に大きく、いったん発生すると回復が難しいのです。安全確保は企業幹部の重要な責務です。
③ 子会社の引き起こした重要災害は子会社だけではなく、親会社も責任を取らされます。親会社は安全面でも子会社を指導する責任があるからです。

　経営理念がしっかりと完成しており、普段から従業員に対して、ビジネス倫理を徹底して教育していれば、リスク回避の基本的行動を誤ることが少なくなります。リスク対応のマニュアルを作成し、その手順や方法を明確にしておくことが可能です。そして、何より大切なことは、事故を起こさないという倫理観と平常からの教育です。

　毒性のMICガスが放散される引金になった事故発生の原因は、人為的ミスです。直接的には、配管の作業のミスと、運転中の蒸留のミスです。作業のミスについては、新任の管理職が指示したとされています。管理職の問題でもあり、担当者のミスでもあるのです。

　貯蔵タンクには3種類の安全装置が設置されていましたが、事故発生当時はどれも停止していたのです。これは、重大な管理上のミスです。安全管理を放棄していたとも取れるような行動です。MICの沸点が低く、蒸発を避けるために0℃以下に維持することになっていまし

たが、そのために設置された冷凍機（1番目の安全装置）は6月（半年前）から停止していました。コスト削減のため（省エネのため）に故意に停止したともいわれています。蒸発してタンク外に出たMICガスはアルカリにより吸収する除害塔（2番目の安全装置）が設置されていました。しかし、ガス製造装置が停止した10月22日以来、運転を停止していました。さらに最後の安全装置である、漏洩ガスすべてを燃焼させて、無害化するフレアスタック（排ガス燃焼筒；3番目の安全装置）も配管工事のため停止していました。猛毒の化学品を扱いながら、それを安全に管理する意識がほとんどないと考えられるのです。当初の水が漏れたのも同じ原因です。要するに、危険物を扱っているのに事故が起こったときの対応策は、現実的には全く機能しませんでした。これには、倫理観の欠如が背景にあります。

　社会的な背景を見ると、MICの最終製品である農薬が世代の交代で別系統の農薬に置き換えられつつある時期でした。そのため、MICの工場の経営は赤字で、親会社ともども新たな投資や安全教育訓練をほとんど行いませんでした。

　そのような雰囲気の中、従業員の仕事に対するモチベーションも低く、規律も守られていない状態でした。つまり、全く倫理規範等ない状態です。この事件の前にも、先行する小事故も複数件起こっており、その教訓も全く活かされていません。猛毒のMICを生産・貯蔵していることへの社会的責任を省みることもなく、事実上、管理を現場任せにし、マネジメントを放棄している状態でした。本来の責任は、アメリカの親会社と実際の運転を担当している現地子会社にあります。リスクマネジメントが完全に欠如していたために起きた事故といえます。

　後からいえることですが、結果的には、環境変化への対応不良、新しい商品の出現、価値観不良、組織文化不良、赤字ならば安全に

も投資しない投資方針、手順の不遵守・無視、間違った指示・使用・保守・修理、間違った作業方法、不良行為、規則違反、安全設備停止、不良現象、化学現象の無知、暴走反応の停止装置の解除、二次災害への無対策、損壊・漏洩へのマニュアル化の欠如、身体的被害への緊急措置の放棄、社会の被害への認識の甘さ等、数えれば切りがないくらいの無策の連続です。

　倫理規範プログラムが早期設定され、従業員に周知徹底され、扱っている商品特性を理解し、緊急時の対応マニュアルが多層にわたって設定されていれば、被害は最小限に止められたかもしれません。共通の価値観を持って、高い倫理のもとに行動していれば、多くの住民を巻き込むようなことはなかったと予想できます。

第Ⅳ部
ステップアップの知識
—— 哲学の歴史と人が幸福に
なるための条件を学ぼう ——

第5章
倫理学の歴史と基礎的な概念

第Ⅳ部　ステップアップの知識

1 倫理とは

　第3部で、ビジネス倫理を企業に定着させる倫理プログラムについて述べました。しかし、そこにはとても大事なことが抜けています。倫理とは、道徳とは、善悪とは、何でしょう。正しい価値観を共有することが、ビジネス倫理ですが、何が正しい倫理なのでしょう。実は、解答はありません。しかし、古代から延々と続く、倫理学の歴史を学びながら、偉大な哲学者や倫理学者の業績とその知性を学び取ると、自ずと正しい価値観が理解できるようになると思います。そこで、古代から現代に至るまでの、主な学説を取り上げます。

　倫理学は他の学問と異なり、紀元前の時代から人の心の善悪、道徳心、信仰、行動の動機等、悩みながら現代に続いています。解答はなく、永遠と続くものです。それだけに、先人が作り上げた考え方を学ぶことは非常に大切です。難しくならない程度の、倫理学の歴史と基礎的な考え方を見ていきましょう。

　ビジネス倫理と直接関係ないようですが、その考え方の基礎と多様性を知ることは重要です。古代から近代までの歴史に残る人物の考え方は、現代でも役に立つのです。

　倫理学は1つの解答はありません。いろいろな考え方があります。人の生き方や考え方を、何が正しく何が間違っているのかを追求していきます。倫理学に対する基本的な考え方は、その両極端を知っておくことです。極端な思想には必ず無理があり、敵を作ります。意見が合わない人々が争いを始めます。初めから極端な思想を知っておくことで、極端な思想に走ることを避けることができます。人の習性として、難解な問題に対して細かい部分を考えることを避け、安易に両極端な発想を受け入れてしまうので

す。このことを理解していると、そういった行為がなくなります。基本的な倫理学の発想を知っておくために、平易に説明します。また、倫理学より広い意味になりますが、哲学の歴史を知ることで、宗教（神）から人間（個人の内面）を重視する姿勢が、その後の倫理学を発展させたことがわかると思います。

　哲学の世界は人間の心の中の問題なので、古代から現代までそれぞれの考え方、感じ方に共感したり、反感したりすることが大切です。人間としての生き方を考えること自体に価値があるのです。

2 倫理学の歴史と倫理学の基礎

(1) 古代ギリシアの哲学者

ここでは、古代ギリシアにおける哲学者を紹介します。

◆ ソクラテス（紀元前469年頃～紀元前399年）

ギリシア哲学とは、かつて古代ギリシアで興った哲学の総称です。現在でいう哲学のみならず、自然科学の物理学や数学を含む学問や学術的研究もすべてをいいます。

哲学はギリシアから発祥し、英語の philosolhy（哲学）は、ギリシア語が語源になっています。哲学には自然学、倫理学、論理学の3つの部門がありますが、まず自然学が発達し、次いでソクラテスが倫理学を加え、ゼノンが論理学を確立しました。また、倫理学にはアカデメイア学派等の10の学派があったといわれています。

ソクラテス自身は著述を行っていないので、その思想は弟子の哲学者プラトンやクセノポン、アリストテレス等の著作を通じ後世に伝わることになりました。

ソクラテスの思想は、内容的には自然哲学者たちに見られるような、唯物論的（観念や精神、心等の根底には物質があると考え、それを重視する考え方）な革新的なものではなく、「神のみぞ知る」という彼の決まり文句からもわかるように、むしろ神々への崇敬と人間の知性の限界（不可知論）を前提とするものです。極めて伝統的・保守的なものだといえます。

「はかない人間ごときが世界の根源・究極性を知ることなどなく、神々のみがそれを知る、人間はその身の丈に合わせて節度を持って生きるべき」

という当時の伝統的な考え方の延長線上に彼の思想はあります。それにも関わらず、彼が特筆される理由は、「知っていることと知らないこと」「知り得ることと知り得ないこと」の境界を巡る、探究心・執着心、節制した態度であるといえます。

ソクラテスの思想が後世大きく伝わった理由は、彼の弟子の中に、プラトンがいたことです。彼は、古代ギリシアの哲学者で、かつ著述家で、たくさんの書物を残しました。そのプラトンの著作の中心的な登場人物として、師であるソクラテスが用いられているのです。またソクラテスの弟子たちの多種多様な思想展開からもわかるように、着眼点によって様々な解釈が可能な、多面的な性格を持ち合わせていた思想家のようです。

◆ **プラトン**（紀元前427年～紀元前347年）

ソクラテスの弟子で古代ギリシアの哲学者です。そして、アリストテレスの師に当たります。プラトンの思想は西洋哲学の主要な源流となりました。哲学者ホワイトヘッド（19世紀のイギリスの哲学者）は、「西洋哲学の歴史とはプラトンへの膨大な注釈である」という趣旨のことを述べています。プラトンは、『ソクラテスの弁明』や『国家』等の著作で知られ、現存する著作の大半は対話形式を取っており、プラトンの師であるソクラテスの主要な語り手となっています。一般に、プラトンの哲学はイデア論を中心に展開されるといわれます。30歳代のプラトンは、「無知の知」「行き詰まり」を課題として、ソクラテスとの対話形式で、正義・徳・善の「単一の相」を目指し悪戦苦闘を続けるソクラテスの姿を描いています。「徳は知識である」といった主知主義的な姿勢を提示していました。40歳頃には、感覚を超えた真実在としての「イデア」の概念が、提示されていくようになりました。「イデア」の概念とは、変化する物質界の背後には、永遠不変のイデアという理想的な範型があり、イデアこそが真の実在であり、この世界は不完全なイデアの仮像の世界にすぎないというものです。

第Ⅳ部　ステップアップの知識

◆ **アリストテレス**（紀元前384年～前322年）

　アリストテレスは古代ギリシアの哲学者です。プラトンの弟子で、ソクラテスとともに、西洋の最大級の哲学者です。その研究は多岐に亘り、数々の業績を残しています。近代哲学・論理学に多大な影響を与えました。また、マケドニア王アレクサンドロス3世（大王）の家庭教師であったことでも知られています。アレクサンドロス大王の東方遠征の折、アリストテレスもアテナイに戻り、マケドニアの支援のもと、学園リュケイオンを創立します。彼の学派は逍遥（ペリパトス）学派と呼ばれていますが、これは散策しながら学生たちと議論し、思索を重ねたという散歩道（ペリパトス）が由来です。大王の死去にともない、有力な後ろ盾を失ったアリストテレスは、アテナイ人から告発されてしまいます。「アテナイ人が哲学に対して再び罪を犯すことのないように」と言い残し、エウボイア島のカルキスへと逃れ、その地で没します。彼の偉業は哲学のみにとどまらず、現代諸科学の多くの起源を作り上げ、アリストテレスは「万学の祖」と呼ばれています。

(2) アリストテレスが残した業績

❶ 倫理学の業績

　アリストテレスによると、人間の行為にはすべて目的があり、それらの目的の最上位には、それ自身が目的である「最高善」があるとしました。人間にとって最高善とは「幸福」で、活動のもたらす満足のことです。幸福とは、たんに快楽を得ることだけではなく、人間の理性を発展させることが人間の幸福であると説きました（幸福主義）。

　また、理性的に生きるためには、中庸を守ることが重要であるとも説きました。中庸に当たるのは、恐怖と平然に関しては勇敢、快楽と苦痛に関

しては節制、財貨に関しては寛厚と豪華、怒りに関しては温和、交際に関しては親愛と真実と機知です。つまり、片寄らないバランスです。また、各々にふさわしい分け前を配分する配分的正義（幾何学的比例）と、損なわれた均衡を回復するための裁判官的な矯正的正義（算術的比例）、これに加えて〈等価〉交換的正義とを区別しました。

アリストテレスの倫理学は、ダンテ（13世紀のイタリアの著名な哲学者）にも大きな影響を与えました。ダンテは、著書『帝政論』においてニコマコス倫理学（アリストテレスの息子が編纂）を継承しており、「神曲」地獄篇における地獄の階層構造も、この「倫理学」の分類によります。 なお、「ニコマコス」とは、アリストテレスの息子の名前です

❷ 形而上学

アリストテレスの残した論文は、そのほとんどは散逸してしまいましたが、没250年後にロドスのアンドロニウスが草稿類を発見し編纂しました。編集にあたってアンドロニウスは、第一哲学に関する諸論稿を「自然学書の後」にまとめました。これが形而上学です。今日では自然学を超えるもの（超越的な存在。例えば神、霊魂等）として認識されています。

アリストテレスが第一哲学と呼んだのは、存在、モノの根本の原理あるいは究極の原因を探る学問ということに由来します。アリストテレスは事物の究極の目的を「不動の第一動者」（次の形相で説明します）とし、これを神と呼びます。このことから、形而上学は神学とも呼ばれています。

❸ 形相（エイドス）と質料（ヒュレー）

アリストテレスは、個物から独立した構造をなしているプラトンの「イデア」を批判します。イデアは普遍的ですが、そうしたものは個物と切り離してはならず、むしろ個物の中に存在していると考えたのです。このような本質を「形相（エイドス）」といいます。イデアを分有することで個物

が存在するというプラトンの説は詩的な比喩にすぎず、それは不可能だと考えたのです。素材としての質料（ヒュレー）に「形相」が宿ることで、実体が成り立つのです。プラトンとは真逆の発想です。

そして、実体の変化、運動の原理といったすべての原因は、4つの原因（つまり、形相因、質料因、動力因、目的因）に還元されます。建築に例えるならば、木材や土は質料因、家が形相因、大工が動力因、そこで生活する、住むということが目的因となります。さらに家は街の構成要素の1つとして質料ともなり得ます。ここで動力因、目的因は自然的事物においては形相因に集約され、結局説明原理は、形相と質料によって表わされるのです。そして、ある形相になりうる可能性が、質料に内在している場合、これを可能態と呼びます。たとえば種子は木という形相になる力を秘めています。これが木となったとき、現実態という状態になるのです。

このようにして世界は、可能態から現実態へと向かって動いてゆきます。可能態的な要素を排した完全なる形相を「第一形相」といい、アリストテレスはこれを神とします。このような究極の目的因、形相を持った神は、他者を動かす不動の存在として、「不動の第一動者」と呼ばれます。

(3) 中世キリスト教哲学

❶ 中世における哲学の発展

中世哲学とは、5世紀に西ローマ帝国が崩壊してから16世紀にルネサンスが起こるまでの時期の哲学のことです。論者により便宜的に、4世紀以前の教父学を含めていうことがあります。

独立した哲学の研究として理解される中世哲学は、8世紀中ごろのバグダードおよび8世紀最後のカール大帝の宮廷を巡ってフランスで始まりました。中世哲学は、古代ギリシアやローマで発展した古代文化の再発見の過程によって定義されることが多いですが、神学的問題を扱い聖なる教義

第5章 倫理学の歴史と基礎的な概念

と俗界の学問を統合する必要によって定義されることもあります。中世哲学の歴史は伝統的に2つの主な時期があります。初期中世は、アリストテレスおよびプラトンの研究が保存され、発展させられた12世紀までの時期です。その後、13世紀を中心とする黄金時代は、宗教哲学、論理学、形而上学の注目すべき発展を遂げました。形而上学とは、世界の根本的な成り立ちの理由や、物や人間の存在の理由や意味等、見たり確かめたりできないものについて考える学問です（対峙語は唯物論）。

初期中世の境界線に関しては、一般的にはヒッポ（同じ名前が多いので都市名を付けます）のアウグスティヌス（354年～430年、神学者・哲学者）に始まるといわれます。西ローマ帝国の崩壊後、西ローマはいわゆる暗黒時代に陥りました。あまり学問の進展がない停滞していた時代です。修道院は、数少ない正規の学術的研究の中心地となりました。このことはおそらくヌルシア（都市名）のベネディクトゥス（修道院長）の定めた戒律や、四旬節の始まる日に、修道僧に本を与えるという彼の提案の結果であろうと推定されています。その戒律では、修道僧は毎日聖書を読むことになっていました。後の時代には、修道僧は行政官や聖職者を養成することに利用されました。

初期のキリスト教徒は、直観的・神秘的で、理性や論理的議論に基づかずに考える傾向がありました。そのため、神秘的なプラトンの教義を重視し、体系的なアリストテレスの思想をあまり重視しなかったのです。アリストテレスの著作の多くはこの時期、まだ、あまり知られていませんでした。その後、学者たちはアリストテレスの『範疇論』、論理学関係の作品である『命題論』、そしてアリストテレスの範疇論の注釈書であるポルピュリオスの『エイサゴーゲー』等に基づいての議論が始まりました。

❷ 中世哲学の発展に影響を与えた2人の哲学者

中世哲学の発展に大きな影響を与えたローマ時代の哲学者が2人いま

す。ヒッポのアウグスティヌスとボエティウスです。アウグスティヌスは最大の教父とみなされています。主に神学者ですが、著作の多くは哲学的です。主題は真理、神、人の魂、歴史の意味、国家、罪、そして救済です。その後1000年にわたって、神学や哲学に関するラテン語の著作で、彼の著作を引用したり彼の権威に頼ったりしていないものはほとんどないといえるほど影響を与えました。そして、デカルト（近世哲学）にも影響を及ぼしました。

アニキウス・マンリウス・セウェリヌス・ボエティウス（480年～525年）は、ローマで古代から続く影響力の強い家に生まれたキリスト教哲学者です。510年に、東ゴート王国で執政官になりました。初期中世哲学への影響はとても大きいのです。なぜなら、彼はアリストテレスとプラトンのすべての著作を、原典の古代ギリシア語からラテン語へ翻訳を試みて、実際に『命題論』や『範疇論』といったアリストテレスの多くの論理学関連の著作を翻訳しました。また、それらの作品やポルピュリオスの『エイサゴーゲー』の注釈書を著しました。これが中世ヨーロッパ世界に、普遍論争を起こすことになりました。

普遍戦争とは、哲学において「普遍は存在するか」という問いをめぐって争われた哲学上・神学上の論争のことです。キリスト教の教義に矛盾しないように、実在論（普遍概念が実在するとする考え方）と唯名論（実在するのは具体的な個々の個物で、普遍概念としての形相的存在は実在しないという考え方）が対峙して、哲学的な考察が成られています。現代のビジネス倫理とは、関係なくあまり重要ではありません。

彼ら以降の中世初期は哲学が衰退した時代とされました。この時代の哲学はしばしば専門家たちですら無視してきました。その原因は、この時代の思想家が哲学を主題として執筆することがなく、彼らの哲学的思索は専ら神学、論理学、文法学、自然学といった個別的な主題をもった論文に見出されるからです。

第 5 章　倫理学の歴史と基礎的な概念

❸　注目すべき哲学の復興と学問の復活

　ヨーロッパにおける哲学の注目すべき復興は、カール大帝が、ピサのピエトロやヨークのアルクィンの助言を受けて、イングランドやアイルランドの学者を招聘し、787 年の勅令により、帝国内のすべての修道院に学校を併設させた頃に始まります。この時期は、ヨーロッパ大陸での戦争等の混乱を避けて、学者たちがアイルランドへ逃げ去り、そこでラテン・ギリシア文化の伝統を守る動きがありました。修道院併設の学校（スコラと呼ばれます）は、スコラ学派の名の由来となっており、また、中世の研究活動の中心地になりました。この修道院併設学校での哲学をスコラ哲学といいます。

　この時期の哲学的活動の中では、古代の著作を写すことが大きな比重を占めていました。アルクィンやその弟子たちの論議した内容を記録した一連の資料は、いずれも同じ書き出しで始まっている資料の集まりで、完全に過去の作品の抄録・抜粋でしかないありさまでした。

　7 世紀ごろから 2 世紀間にわたってアイルランド人が度々ヨーロッパ大陸に移住してきました。その多くは僧侶で、各地に修道院を立てました。この潮流の中で 9 世紀になると彼らの中に卓越した学識を持った人物が現れ始めました。その中でもマルティウス・スコトゥス、セドゥリウス・スコトゥス、ヨハネス・スコトゥス・エリウゲナの 3 人のスコトゥスが最も大きな業績を残しました（当時スコトゥスとは、アイルランド人を指します）。

　ヨハネス・スコトゥス・エリウゲナ（815 年～ 877 年）はアルクィンの後を継いで宮廷学校長となった人物で、アイルランド出身の神学者です。そしてネオ・プラトニズム哲学者です。エリウゲナが訳したものとして、証聖者マクシモスの『アンビグア』および『タラシオスに対する問い』、ニュッサのグレゴリオスの『人間創造論』などがあります。エリウゲナの『自然の区分について』は、内容としては哲学書というよりも神学書です。先

達よりもはるかに体系的・徹底的にネオ・プラトニズムとキリスト教を統合しており、後の中世哲学を方向付けた意味のある著作となりました。エリウゲナの著作はその生前には無視される傾向にありましたが、12世紀の哲学者たちに大きな影響を与えました。

　この時期に、神により「ある者には救済される」ことを、また「ある者には地獄に落ちる」ことを運命づけているのかどうかといった教義上の論争が起こりました。神学者・文法家・詩人のオルベのゴデスカルクス（805年頃〜866年）が、この神による予定には、2種類あるとする説の唱道者です。彼はアウグスティヌスの著述を根拠として自説を主張しました。エリウゲナの著書『予定論』によれば、神の実体は1つなのだから、神の実体の一部である予定や予知が二重であると考えるのは誤りと主張しています。この時代は、神学者の主張が、哲学者と重なり、現代の哲学とは異なり宗教が中心となっています。宗教が中心の哲学は、ビジネス倫理とはあまり関係がないので、詳細は省略いたします。宗教について、その概要は知っておくべきです。しかし、ビジネスにおいては、個人の信仰や信条には触れないことが重要です。信仰は個人の自由なのです。

　この時期には学問の復活も見られました。フローリアクム修道院において、オルレアン司教のテオドルプスが、カール大帝に勧められて貴族の子弟のための学校を創設しました。9世紀中ごろまで、そこに併設された図書館は、西ヨーロッパに今まで集められた中でも最も包括的なものとなりました。後に、再建された修道院学校の学頭となったフルリのアボン（大修道院長988年〜1004年）の下で、フローリアクム修道院は、第二の黄金時代を迎えることとなりました。

　10世紀初めに、オセールのレミギウスが、アエリウス・ドナトゥス、カエサレアのプリスキアヌス、ボエティウス、そしてマルティアヌス・カペッラといった古典的な人物のテキストの注釈書を著しました。カロリング朝ルネサンスの後に、小さい暗黒時代を挟んで11世紀以降続く学問の

復興が起きました。11世紀の復興は、ギリシア思想の再発見を、アラビア語に翻訳されていた文献により行われています。

❷ 中世盛期

11世紀中ごろから14世紀中ごろまでの時期は「中世盛期」あるいは「スコラ学時代」として知られています。一般的にイタリアの哲学者、神学者、教会職員のカンタベリーのアンセルムス（1033年～1109年）に始まるといわれています。彼は、神の存在論的な証明を初めて定式化した人物として有名です。

13世紀から14世紀初期にかけての時期は、概してスコラ学が盛んだった時期として知られています。13世紀初期は、ギリシア哲学復興の絶頂が見られました。翻訳の学派は、イタリアやシチリア、そして徐々に西ヨーロッパでも成長していきました。バースのアデラードは、シチリアやアラブ世界を旅行し、天文学や数学の文献を翻訳しました。その中には『ユークリッド原論』（古代エジプトで、ユークリッドによって編纂された数学書）の初めての完訳も含まれています。ノルマン人の王は、自身の威信を示すためにイタリアやほかの地域から知識人を自分の宮廷に集めました。13世紀半ばのモエルベケのヴィレムによるギリシア哲学の文献の翻訳・編集は、古代哲学の、特にアリストテレスの明確な描写を行う助けとなりました。それは、西ヨーロッパの人々が、かつて依拠していたプラトンの哲学体系とアリストテレスの哲学体系の関係を歪ませ、あいまいにしていたアラビア語版のものより明確でした。それに続く注釈の多くの基盤となったのです。

❹ ヨーロッパ大都市での大学の発達

この時期にはヨーロッパの大都市で大学が発達しました。当時の大学は、入学者はまず学芸学部に入学し、リベラル・アーツを学びました。リベラ

ル・アーツとは、実践的な知識・学問の基本と見なされた7科のことです。具体的には、文法学・修辞学・論理学の3学、および算術、幾何、天文学（現在の地理学）、音楽（現代の音楽とは異なる）の4科のことです。そして所定の課程を修了し、学芸学部教師の学位を取得した者だけが上級の3学部（法学、医学、神学）に進学できる仕組みになっていました。また、この大学教育において、哲学とは学芸学部で教えられるリベラル・アーツの一部です。そのため、神学教授になるためには、必ず学芸学部教師（つまり哲学教師）でなければならないので、神学者たちにとって哲学は神学の基礎としてなくてはならない学問でした。一方で神学部に進学せず学芸学部教師にとどまった者たちは、哲学は神学から自立しているべきだと考えました。この時代の哲学と神学の対立とは、哲学部（学芸学部）と神学部の対立のことです。

❺ フランシスコ会とドミニコ会の争い

一方で、教会を含む聖職者の修道会が教育生活の中心を、政治的・知的に監督することをかけて争い始めました。この時期に設立された2つの修道会は、フランシスコ会とドミニコ会です。フランシスコ会は、1209年にアッシジのフランチェスコが始めました。13世紀半ばの彼らの指導者はボナヴェントゥラで、彼はわずかなアリストテレス的要素と多くのネオ・プラトニズム的要素を取り入れつつヒッポのアウグスティヌスの神学とプラトンの哲学を擁護した伝統主義者でした。アンセルムスに続いて、ボナヴェントゥラも哲学が宗教的信仰の光に照らされたときのみ理性は真理を発見できると考えました。

対照的に、ドミニコが1215年に立てたドミニコ会は、理性を使うことをより重視し、東方や当時ムーア人が支配していたスペインからもたらされた新たなアリストテレスの文献を広範囲に利用しました。この時期のドミニコ会で思想に関して重要な人物の代表は、アルベルトゥス・マグヌス

とトマス・アクィナスです。トマス・アクィナスによるギリシア的合理主義とキリスト教の教義の技巧に富んだ統合は、徐々にカトリック哲学の輪郭を決めていきました。アクィナスは、理性と議論過程をより重視しており、最初にアリストテレスの形而上学や認識論に関する著作を利用した人々のうちの1人です。これは、初期スコラ学の多くを支配していたネオ・プラトニズムやアウグスティヌスの思想を大きく外れたものでした。トマス・アクィナスは、アリストテレス哲学を取り入れることを重視しました。

フランシスコ会とドミニコ会はどちらも大学と結びついていきます。設立されたばかりのパリ大学に入学し、その後神学教授になっていたヘールズのアレクサンデル（1185年頃〜1245年）が、フランシスコ会に入会したため、それ以降フランシスコ会士がパリ大学の神学教授の座を確保することになりました。一方、ドミニコ会士のクレモナのロランドゥス（1259年没）が1229年に神学教授になり、さらにロランドゥスの師で既に神学教授であったサン・ジルのヨハネス（1253年没）が、1230年にドミニコ会に入会し、ドミニコ会もパリ大学神学教授の座を2つ確保しました。13世紀半ばには、パリ大学神学教授の大部分が修道会の会員でした。しかし13世紀末には、両修道会とも独自の教育機関を設立するようになりました。

❻　ルネサンス

ルネサンスとはフランス語で「再生」を意味します。イタリアでの人文主義、ヒューマニズムの運動はすでに14世紀ごろから始まっていました。東ローマ帝国の滅亡が大きな要因です。そのため、ビザンティンの学者がイタリアに流入し、ギリシア哲学の原典などが西欧に影響を与えたのです。こうした中、13世紀以降主流であったアリストテレス哲学に対抗し、フィレンツェにおいてプラトン哲学が台頭してきます。一方で、パドヴァ大学などで、反スコラ的な姿勢によって、アリストテレス哲学の新たな解釈が

試みられました。さらに加えて、ストア派の思想なども復活を遂げます。ここに古代ギリシア哲学の「再生」が果たされたのです。

❼ 宗教改革

聖書のドイツ語訳を完成させたルターは、個人の信仰と神との間に横たわる教会の存在を強烈に批判しました。16世紀（中世末期）のキリスト教世界における教会体制上の革新運動のことです。以前から指摘されていた教皇位の世俗化、聖職者の堕落などへの信徒の不満と結びついて、ローマ・カトリック教会からプロテスタントの分離へと発展しました。背景には経済的な理由があります。欧州を中心とした各地域からの教会税はバチカンの収益となっていました。近代国家の誕生とともに、各国は経済的な理由から自国の富がバチカンに流れることに不信感を抱いていました。富を自国内に止めておくことを歓迎し、それぞれの地域の教会が、ローマと絶縁することを積極的に後押ししたのです。これは人々の、教会からの解放と近代的自我の発展に大きく貢献することになります。

◆ ガリレオ・ガリレイ（イタリアの科学者,1564年～1642年）

ガリレイは望遠鏡を使って木星の衛星や月のクレーターを発見しました。これらはコペルニクスの地動説への有力な裏付けであるとともに、これまで信じ込まれてきた天体の完全性を否定するものでした。彼の近代自然科学への取り組みは、当時の宗教的世界観を破壊するほどの力を持っていたのです。宇宙は無限であり、神はそれら自然の中に内在しているのです。

このような汎神論的な思想は、キリスト教とは相いれず、ジョルダーノ・ブルーノ（イタリアの哲学者、1548年～1600年）同様、宗教裁判にかけられました。ガリレイは、死刑を免れました。ガリレイが近代科学の成立に決定的な影響を与えたのは、自然を量的関係によって、すなわち数学的

手法を用いて解明するという姿勢です。この「壮大な宇宙は、数学と幾何学図形の文字で書かれている」というガリレイの思考は、物理学をはじめとした現代諸科学を、根底から支えています。

　宗教と神の存在を第一に考える哲学・倫理学は、科学の発展とともに、異なった思想に発展していきます。ガリレイも、敬虔なキリスト教徒で、宗教を批判しているのではありません。長らく続いた、宗教を中心とした倫理学が、人の心を中心としたものへの変革がルネサンスの頃から起き始めます。地球が太陽の周りを回っていることは、今では誰もが知っている当たり前のことですが、この頃は、宗教裁判にかけられて死刑判決が出るほど、聖職者が力を持っていたことがうかがい知れます。ルネッサンスで、神から人を中心とした倫理学に変わっていくことになります。

(4) 近代哲学

❶ 近代哲学とは

　近代哲学（近世哲学）は、中世後の、おおよそ16世紀から20世紀までの哲学のことです。思惟と存在の関係をめぐって様々な形で哲学上の立場の対立があった時代です。ここでは、大陸合理論とイギリス経験論の対立を中心に述べます。ルネサンス期の哲学（16世紀～17世紀）、理性の時代の哲学（17世紀前半）、啓蒙時代の哲学（17世紀後半～18世紀）、19世紀の哲学、20世紀の哲学について分けられることがあります。

　近代哲学を準備したのは、ルネサンス期において発達した数学・幾何学と自然哲学です。ガリレオ・ガリレイは、数学的に記述される自然という新たな世界観を作り出しました。ルネサンスによって、神から人間に、哲学での世界の中心が移ることになりました。「人間の理性」により、自然を認識し、永遠・普遍妥当な真理に到達できるという世界観が生まれてきました。この新たな世界観に対応するために生み出されたのが、大陸合理

論とイギリス経験論です。両者は、数学の確実性を基本に置く点では違いがなく、絶対確実な真理を認識する起源について、異なる対応をとったものです。近代の代表的な哲学者イマヌエル・カントは、観念の発生が経験とともにあることは明らかであるとして合理主義を批判しました。また、逆に、すべての観念が経験に由来するわけではないとして経験主義を批判し、二派の対立を統合しました。カントについては、倫理学では非常に重要なので後述します。

❷ イギリス経験論

　イギリス経験論は、認識の根源を経験に求める立場です。ロックに始まった経験論は17、18世紀のイギリスの哲学者によって発展しました。彼らは人間の理性を超越したものの存在を否定し、数学的知識の確実性を軸に議論を展開していきます。イギリスの思想家たちはこのような認識論を推し進めていくと同時に、啓蒙主義時代（啓蒙とは、超自然的な偏見を取り払い、人間本来の理性の自立を促すという意味です）の一翼を担い、政治の分野でも大きな功績を残しました。

◆ ロック（イギリスの哲学者、1632年〜1704年）

　ロックは哲学のみならず、政治、宗教、医学などの分野でも活躍し、のちのフランス革命やアメリカ独立に大きな影響を与えました。ロックは、人間の知識の限界を見極めようとし、平易な方法によってそれを可能なものとします。すべての認識は経験を介して行われ、それを記述することで成立するという経験論の立場をとります。そして、「何であれ、人間が思考するとき、知性の対象となるもの」をロックは「観念（idea）」と呼びました。さて、経験論を主張するにあたってロックはまず、デカルトのいう「生得観念（もともと生まれながらに持つ観念）」の存在を否定します。「人間はもともと白紙」の状態であり、観念は経験によって記述されるのです。

その際、ロックは経験を2つの形式に分けます。ひとつは「感覚」であり、そしてもうひとつは「内省」です。感覚によって外面的な世界の観念を得て、それに基づく内省によって内面的な作用を認識するのです。

❸ 大陸合理論

17世紀の西洋哲学の主流の1つが、デカルト、ライプニッツ等に見られる合理論で、イギリス経験論とほぼ同じ時期に始まりました。彼らの主張はその名の通り、明示的な原理から真理を導き出そうというものですが、特に重要な指摘は「二元論」にあります。精神と物体の分離によって、アリストテレスから続く質料・形相的な自然学からの脱却が果たされました。そして、数学を中心とした自然科学が現れてきます。その土台となったのがルネッサンス期の思想です。

◆ デカルト（フランスの哲学者、1596年～1650年）

デカルトは、近代哲学の創始者ともいえる人物です。デカルトは学問の土台・基礎の一切を、一から作り上げる必要性を説きます。そのためには、偽の可能性を含むあらゆる知識を排除しなければなりません。これを方法的懐疑といいます。デカルトはそこに2つの段階を見出します。ひとつは、すべての感覚は不確実であるという点です。例えば、感受した事物が夢であるという可能性を、完全には否定できません。そして、数学的・理性的知識さえも疑いの余地があるという点です。そのような認識は、「邪悪な霊」がその都度、間違った方向へと導いていないとは誰も言い切れないというのです。それでは、何を知の基準とすればよいのでしょうか。その答えこそが「我思う、故に我あり（Cogito ergo sum）」なのです。たとえ「邪悪な霊」が「私を欺こうとも、それを疑う私自身の存在は疑いえない」というのがデカルトの主張です。つまり、私とは「思惟するもの」であり、これこそが絶対確実な学問の基礎をなす、第一の原理となるのです。

❹ モラリスト

　モラリストとは、現実の人間を洞察し、人間の生き方を探求して、それを断章形式や箴言のような独特の非連続的な文章で綴り続けた人々のことです。特に16世紀から18世紀において活躍したモンテーニュ、ブレーズ・パスカル等フランス語圏の思想家を指すことが多いようです。こういった人間性探究の姿勢は、フランス文学に脈打つひとつの伝統となっています。

◆　**ブレーズ・パスカル**（フランスの哲学者・数学者、1623年～1662年）

　パスカルの天才的な才能は多分野に及んでいます。しかし短命であり、39歳で亡くなっています。死後『パンセ』として出版された中に、「人間は考える葦である」（以下に説明）などの多数の名文句を残しています。

> 「人間はひとくきの葦にすぎない。自然のなかで最も弱いものである。だが、それは考える葦である。彼をおしつぶすために、宇宙全体が武装するには及ばない。蒸気や一滴の水でも彼を殺すのに十分である。だが、たとい宇宙が彼をおしつぶしても、人間は彼を殺すものより尊いだろう。なぜなら、彼は自分が死ねることと、宇宙の自分に対する優勢とを知っているからである。宇宙は何も知らない。
> 　だから、われわれの尊厳のすべては、考えることのなかにある。われわれはそこから立ち上がらなければならないのであって、われわれが満たすことのできない空間や時間からではない。だから、よく考えることを努めよう。ここに道徳の原理がある。」
>
> 　　（パスカル『パンセ』前田陽一・由木康訳、中公文庫、1973年、225頁）

　現代でも通じる倫理観だと思います。

❺ ドイツ観念論

ドイツ観念論は18世紀末から19世紀初頭にかけて形成されました。カントは、大陸合理論とイギリス経験論との統合を果たしました。そして、ヘーゲルなどの哲学者によって、さらに発展させた倫理観です。特に主観に関するカントの記述は、ドイツにおいて、主観、客観の主客の同一性というかたちで展開されます。カントの形而上学の諸部門を統合し、再構成しようという試みがこのドイツ観念論者たちによって行われました。

(5) 現代哲学

❶ 功利主義

一般に4つの特徴があります。1つは帰結主義です。物事に対する行為を、善悪で評価する際に、行為の結果を重視する考え方です。2つ目は幸福主義です。結果の中で人々の幸福を重視する考え方です。3つ目は最大多数の最大幸福、つまり、なるだけ大勢の人の幸福を考えることです。そして4つ目は公平性です。1人は1人以上には数えないことです。社会全体の幸福を重視するという発想は昔からありますが、功利主義を体系化したのはジェレミ・ベンサムです。ベンサムの功利主義は、個人の効用を総て足し合わせたものを、最大化することを重視するものです。総和主義と呼ばれます。

❷ マルクス主義

カール・マルクスとフリードリヒ・エンゲルスによって確立された社会主義思想です。近代以降、個人の思想は、自由で民主的な社会を求めるようになりました。しかし、イギリスの産業革命以降、極度の貧富の格差が現れました。マルクスとエンゲルスは、この原因を、資本は絶えず拡大しようとし、その運動が経済社会を作り上げていくと考えました。これは人

間の意志を離れ、本来の労働のあり方ではないとしました。またマルクスとエンゲルスは、資本による経済活動の拡大は、私有財産性と自由市場経済が要因と考えました。2人はこれらを廃止して、経済を計画的に自らのコントロール下に置くことで、人々が互いに協力し合う自由で対等な社会が実現すると考えたのです。

産業革命により中流階級が拡大し、貧富の差が拡大していたので、この思想は人々に大きな希望を与えました。19世紀後半から20世紀に、資本主義経済の批判と社会変革を唱えました。しかし、ロシア革命後の旧ソ連でのスターリニズムの問題が明らかになると、マルクス主義は厳しい批判にさらされました。

現在では、マルクス主義が自由で平等の社会を実現すると考える人は、ほとんどいません。衰退した根本的な要因は、経済は計画できないということを悟ったからです。未来は誰にもわからないので、計画経済は実現できません。ソ連の崩壊や中国の自由経済への移行で、計画経済の行き詰まりは、歴史が証明したことになります。

❸ 自由主義

政治や経済等における思想で、啓蒙思想から発展しました。人間は理性を持ち、政府や教会等の権威から自由で、自己決定権を持つとの考え方です。政治的では、国民主権の民主主義体制です。経済的には、私的所有権と自由市場による資本主義の基礎となる考え方です。また、この自由主義での市場経済とは、市場を通じて財・サービスの取引が自由に行われる経済のことです。対立概念は、計画経済です。日本は、経済の基本は、自由主義経済です。ただし、完全な自由を意味するものではなく、効率的な自由を維持する程度の政府介入は必要と考えています。

基本的に、経済における意思決定は最大限個人にゆだねるべきであり、政府等の組織集団によってなされるべきではないとする考え方です。これ

には様々な経済政策が含まれますが、共通するのは市場経済制度と生産手段の私有です（私有財産制）。経済的自由主義では、政府による規制は、市場を守る方向では支持されますが、政府が自由市場における自由取引と自由競争をさまたげる介入には反対します。しかし私有独占を排除する政府介入には肯定的であり、それは特定の人々（多くは貧困）の意思決定力を束縛することになることと考えているからです。経済的自由主義は、それが他人の自由を侵すものでない限り、個人が自ら自身の金銭により選択することをとても重要視します。

❹ 構造主義

　構造主義とは、1960年代に登場して発展していった20世紀の現代思想のひとつです。また、現代思想から拡張されて、あらゆる現象に対して、その現象に潜在する構造を抽出し、その構造によって現象を理解し、場合によっては制御するための方法論を指します。例えば、日本では、目上の人には敬語を使います。敬語には、「尊敬語・謙譲語・丁寧語」の3つがあります。言語で、目上の人に使う言葉が違うのは日本語の特徴です。英語には対応するものはありません。逆に英語には、馬の走り方が少なくとも8種類以上あります。日本語にはありません。つまり、社会の構造が異なるので言語も異なるのです。

　このように価値観は、時代の流れ、場所、住んでいる人々等の諸構造から誰も自由にはなれないで、一定の枠組みがあるということがわかります。これが構造主義です。これは、人間の普遍的な論理性や心理性の構造を探す助けになるための方法として使うことができます。

❺ 日本の法律上の倫理規定

　日本の法律では、信義誠実、自由、公序良俗について定められています。
　1）信義誠実の原則：（民法第1条2項）「権利の行使及び義務の履行

は、信義に従い誠実に行わなければならない。」
2）裁判所及び当事者の責務：（民事訴訟法2条）「裁判所は、民事訴訟が公正かつ迅速に行われるように努め、当事者は、信義に従い誠実に民事訴訟を追行しなければならない。」
3）自由：（憲法12条）「この憲法が国民に保障する自由及び権利は、国民の不断の努力によって、これを保持しなければならない。又、国民は、これを濫用してはならないのであって、常に公共の福祉のためにこれを利用する責任を負ふ。」
令状なき不当な勾留等、正当な法的手続きを踏まない不当な拘束からの自由を保証しています。
4）罰則の適用：（民法1条3項）「勾留拘束に当たっての法定手続の保障 自由権の濫用はしてはならない。権利の濫用はこれを許さない。」
5）公序良俗：（民法90条）「公の秩序又は善良の風俗の略であり、これに反する事項を目的とする法律行為は無効とされる。」

　日本の法律は、信義誠実の原則、公共の福祉、公序良俗等の人間として、当たり前な倫理観を条文に取り入れている箇所が多々あります。罪刑法定主義で、悪事を行ったにも関わらず、法律にない場合罰することができません。しかし、信義則違反の原則が、民法1条にあることにより、人間としてあるまじき行為は、罰することができます。倫理上のバランスを取ることが可能になります。

(6) 著名な哲学者の考え方

◆　**カント**（ドイツの哲学者・思想家、1724年～1804年）
　カントは近代哲学の最も重要な哲学者です。『純粋理性批判』（1781年）、

『実践理性批判』『判断力批判』は三大批判書と呼ばれています。カントは、哲学的な真善美などの古代からの諸問題を深い洞察力で原理から考え、解答しています。それぞれの本について、その要点のみを紹介します。

『純粋理性批判』での主題は、「認識」の問題についてです。「真」の認識とは何なのでしょう。正しい認識とは何かを考え、どうすれば自分でその結論を獲得できるかということが書かれています。

カントは、人が物事を認識するには、感性、悟性、理性の3つの構造からなると考えています。その表現方法として、図式、カテゴリーや構想、創造力等があります。そこで、物事を認識するときには、人それぞれによって、認識できる枠は異なります。その枠の中で物事を捉えようとするので、二項対立（アンチノミー）にならざるを得ないのです。つまり、両極端を捉えることで、その中庸を見つけることができます。

例えば、人の世界の始まりについては、「ある」といわざるをえないのと同時に、「ない」ともいわざるをえないのです。誰も真実を知りません。これは「あるともいえるし、ないともいえる」といっているのではありません。また、どちらかを正しいと見なせるわけでもないのです。この対立は、必然的に存在します。そして同時に、「絶対にこれを解決できない」という性質を持っています。しかし大事なことは、人の認識自体は、共通性を持っており、それゆえに完全なアンチノミーのような場合を除けば、必ず共通の認識に達することができる、ということです。バランスの取れた認識力を磨くことが大切ということです。

理性の問題は、物事の真理を言い当てることではないのです。人の認識の仕方には、共通の構造があります。私たちは、これを自分の意識の中に、見て取ることが大切なのです。カントにはこうした直観がありました。これはカントに限ったことではなく、デカルトやロック、ヒュームなどの優れた著名な近代認識論者に共通する考え方です。

『実践理性批判』での主題は、「道徳」の問題についてです。倫理または

道徳（善悪の善）の本質は何かを問うことです。実践理性批判で、道徳について徹底的に追求しています。カントの時代、道徳の判断基準はキリスト教に置かれていました。そのキリスト教的世界観から、より普遍的な世界観へ脱皮を図りました。

カントが考えたのは、誰でもが「道徳とは何か」と考えつくことが大切だということです。カントは定言命法によって答えます。定言命法とは、カント倫理学における根本的な原理で、無条件に「〜せよ」と命じる絶対的命法のことです。対峙後は、仮言命法です。仮言命法の「〜ならば、〜せよ」と条件を付けていることと対比すると、理解できると思います。定言命法は、著書では「汝の意志の確率が常に同時に普遍的立法の原理として妥当しうるように行為せよ」といっています。換言すると、「自分自身の意志で自律的かつ普遍的な方法で、何が最善なのかを決めて、その決定した道徳心に沿って行動しましょう」ということです。

例えば、「幸せになりたければ、嘘をついてはいけない」ということを小学校の道徳の授業で習ったと思います。カントは、無条件に「嘘をつくことはいけない」といいます。「幸せになりたければ」の条件はありません。でも、実際の生活では、相手を気遣って、嘘をつくこともあります。カントは、これの条件付の道徳を認めないのです。つまり、カントによれば、道徳の根本法則に合致する行為が、義務として我々に妥当する行為なのです。また、仮言命法において、「何が道徳的か」の洞察は、行為（嘘をつくこと）と帰結（幸福）との間の自然必然性の洞察で、経験論に属するものでしかないのです。条件付を認めないカントの定言命法は、倫理学が経験論の範囲に陥ることを防ぎ、経験論から独立した純粋に実践的な倫理学の範囲を確保するのです。

誰からも命令されることなく、自分の意志で普遍的な「良いこと」を目標とする態度が、カントの定言命法のポイントです。私自身は、この考え方は、理想論過ぎて、欲求は捨てきれないと思います。しかし、いわゆる

第５章　倫理学の歴史と基礎的な概念

「カント主義」は、欲求を克服することが道徳の条件であるとするのです。

カント自身は、私たちは欲求から完全に離れることはできないという点を深く洞察していました。現実的に、人間は、欲求を捨てきれないし、幸福を求める心を捨てることもできません。道徳をすべて体現している、欲求から完全に離れている理想的な存在は、神のような最高存在でしかないとわかっていました。人間は、実際に完全な道徳に到達することはできないのです。できないのに、道徳的な人間となる意味なんてあるのでしょうか。結局、道徳を目指すことの意味は何でしょうか。この問題を解くために、カントは「要請：(Postulate)」という独自の概念を打ち出しました。

カントの考える「要請」とは、自由、魂の不死、神の３つです。ただカントは、これらはあくまで要請であり、現実世界に実在すると考えるのは誤っていると考えていました。現実世界では、完全な道徳に到達することができません。しかし人間は、完全な道徳が実現された「道徳世界」を想定することはできます。そして、その世界が成立する条件を考えることもできます。この人間の理性は、人間の「権利」です。そうカントは考えたのです。カントのいう「要請」とは、以下の３項目の内容です。

① 「自由」：欲求に流されずに何がよいかを判断し、行うための条件です。
② 「魂の不死」：肉体の死によって完全な道徳へと進むことが妨げられてはならないのです。
③ 「神」：道徳世界を作り上げている原因です。

ただし、カントは、これらはあくまで要請であり、現実世界に実在すると考えてはいません。現実には魂の不死はありえないし、道徳世界を作り上げている神も実在しません。想像上の存在です。それらはあくまで、いつか完全な道徳が達成されるための条件でしかないのです。しかし、その条件を想定することができれば、私たちが道徳的であろうとする理由や意

味も明確になります。カントの道徳論はこうした基礎概念で書かれています。

少し難しいですが、カントの偉大さが少しは理解できたかと思います。

◆ **ヘーゲル**（ドイツの哲学者・思想家、1770年～1831年）

ヘーゲルは、ドイツ観念論を代表する思想家、哲学者です。哲学の優れた論理性から、ヘーゲル学派ができ、マルクス等後世にも多大な影響を与えました。人間も、社会も歴史の中でいつも変化し成長し続けており、理想が現実可能となるには、発達したそれ相応の国の受け皿が必要と考え主張しています。伝統や慣習は、必ず非合理性を含みます。理想的な社会は、歴史にも目を向けて、時期を待つ必要があるということです。

◆ **ショーペンハウアー**（ドイツの哲学者、1788年～1860年）

ショーペンハウアーは、仏教精神の思想とインド哲学の精髄を明晰に表現した思想家です。その哲学は、その後の哲学者、芸術家、作家に重要な影響を与えました。生の哲学、実存主義の先駆者です。著書『意志と表象としての世界』で、「1.先天的な時間空間、2.原因と結果の法則、3.概念論理的判断、4.行為の動機づけの法則」を書いています。内容は、世界というのは自分を映し出す鏡であり、それぞれの人がそれぞれの世界を見ています。その根底にあるのは、ただ生きよう、より進化しよう、とする想いがあるだけです。そして、すべての物事に終わりはなく、進化し続けるのです。さらに「人間の幸福」は、「どんな人間として生きているか」「何を持って生きているか」「どんな人間関係を持っているか」の3つに集約されると説いています。「どんな人間」とは、健康面や精神面など自分を磨くことです。「何を持っているか」とは、金銭面や社会的地位の確保のことです。「人間関係」とは、他者に配慮する心を持つことです。そしてこれらの3つが人間の幸せを作ってくれると語っています。正月、節分、

第 5 章　倫理学の歴史と基礎的な概念

盆、七五三などの仏教を基に生活の世界観が根底にある日本人にとっては、とても共鳴できる考え方です。

◆　**ニーチェ**（ドイツの哲学者、1844 年～ 1900 年）

　ニーチェは、この世にはプラトンの世界観からの「イデア界」も、キリスト教世界観からの神も存在しないとし、人間の頭で考えた理想に頼る生き方を改めて、人間そのものを中心に考えようと主張しています。実存主義といわれ、人間の実存を哲学の中心に置く思想的立場です。ニーチェは、「力への意志」という言葉を使って、物質そのものに生きる力が備わっていると考えています。また、数々の名言を残しています。例えば、「いつか空の飛び方を知りたいと思っている者は、まず立ちあがり、歩き、走り、登り、踊ることを学ばなければならない。その過程を飛ばして、飛ぶことはできないのだ。」つまり、自分で努力しなければ実現しないということです。神に頼んでも、だめだということです。

◆　**サルトル**（フランスの哲学者・作家、1905 年～ 1960 年）

　サルトルは、フランスの 20 世紀を代表する哲学者・作家です。物に意味づける人間が消失すれば、物はむきだしの姿を露呈すると説いています。人間自身の在り方は、その人の行為によって形になります。その現実を積極的に認めて生きていこうということです。『実存主義は何か』（1946 年）という本を出版しているほどの、実存主義の代弁者です。1964 年にノーベル文学賞に選出されながら辞退しています。

第6章
まっすぐ生きる、幸福論

―― 現代社会との関わりで、
　　ビジネス倫理上、知っておきたい項目 ――

第IV部　ステップアップの知識

　倫理学を学ぶ上で、役に立ついろいろな考え方を倫理の枠を超え周辺まで広げて考えてみたいと思います。ビジネス倫理は、正しい経営理念のもと、企業内の価値観を共有し、企業の生産や販売を、企業組織を使って自発的に正しい方向へ持っていくことです。しかし、その組織行動には、危険も内在しています。個人では、絶対にしないような行為を、集団では平気で行うことがあります。また、個人の判断では絶対に決断しないであろう、決断を、組織のリーダーに促され、従ってしまうことがあります。そのことを知っておけば、間違った方向へ行くことを阻むことができます。いくつかの過去の事例を紹介し、その危険性を理解しておきましょう。

1 倫理のあるべき論

(1) 倫理の姿

　何が正しいのかは、実は解答はないのです。そのときの社会情勢や文化の違いにより、おのずと結論が出てくるとしかいいようがありません。しかし、事前に起こりやすい環境や人間行動の習性を知っておくことで、問題が大きくなることを避けることができます。ビジネス倫理にも応用できます。

　例えば、男女平等について考えてみましょう。男女平等なのは当たり前では、といえばその通りです。でも、実際には、性別でいろいろな違いが見られます。ある会社の社長が、男女の比率を平等にするように指示したとします。根拠は、人口比に合わせることが自然との見解です。しかし、実際の現場では男性正社員の比率は、約80%です。その数字が、標準的

な指標となることも考えられます。社長の意見の根拠ももっともですし、一般的な指標を根拠とすることも理に適っています。結論は1つではありません。著者が勤務していた銀行では、男性と女性の比率は、ほぼ同数でした。でも、管理職や総合職といわれる幹部従業員は圧倒的に男性が多かったです。しかし、人数だけ見ると、支店では圧倒的に女性が男性よりも多く働いています。職場の環境や必要性により、何もすべてを50%：50%にする必要はないのです。倫理学で難しいのは、このバランス感覚です。

　障害者雇用が法律で義務付けられています。違反するとペナルティーとして罰金を科せられます。一定の比率で障害者が発生する以上、その人たちの人生を、仕事をしながら、自立できる楽しいものにするためにも、この法律は必要と思います。でも一方で、その比率の算定は、難しいのです。多すぎると、健常者の仕事を奪うことにつながり、逆差別となります。要するにバランスです。

　このバランス感覚はとても重要で、経営者の理想は、将来へのビジョンです。その理想や目標が経営にはとても大切なものになります。社長が理想として、男女比を50%：50%の理想に近づけ、障害者の実際の比率に関係なくなるべくたくさんの雇用を実現しようとするならば、それは努力目標となり、社長が将来のビジョンを語っていることになります。

　優れた将来へのビジョンは、人をやる気にさせます。夢を持つことで、発奮し、行動が積極的になります。経営倫理とは、やってはいけないこと、つまり禁止すべきことを論じているのではありません。経営と密接に関係のある、経営目標や経営理念とつながりがあるのです。ビジネス倫理は、組織を活性化させ、前向きな姿勢に会社全体の組織を動機づけることができるのです。経営者とは、経営とは人を使うことです。ビジネス倫理がしっかりとしていると、会社組織の人々が自律的に、前向きの動機を持ち、組織においてリーダーシップを自然と働かせるようになる源泉になります。

(2) 集団心理

単独では絶対に起きないことが、集団になることが要因で起きてしまう現象です。この問題は、知っておくだけで避けられることが多いので、以下のような事例と同様な問題が起きたら、集団心理に注意しましょう。

集団心理に関わる問題として、いくつか紹介いたします。ビジネス倫理は限られた企業内の規律ですが、場合によっては小さな集団の中でも、集団心理に似た行動が起きてしまうことがあります。

❶ モラル・パニック

モラル・パニックとは、道徳パニック、道徳恐慌ともいわれます。「ある時点の社会秩序への脅威とみなされた特定のグループの人々に対して発せられる、多数の人々により表出される激しい感情」と定義されます。より広い定義では、「以前から存在する『出来事、状態、人物や集団』が、最近になってから『社会の価値観や利益に対する脅威として定義され直される』」となります。つまり、モラル・パニックは、ある種の本流でない文化的行動や、ある種の人々（多くの場合、社会的・民族的マイノリティに属する）に対して、世間一般の間に「彼らは道徳や常識から逸脱し、社会全般の脅威となっている」という誤解や偏見、誇張された認識が広がることによって社会不安が起こり、これら危険な文化や人々を排除し社会や道徳を守ろうとして発生する集団パニックや集団行動のことです。モラル・パニックは、少数の人々に対する、多数の人々（必ずしも社会の多数派というわけではない）による激しい怒りという形をとります。わかりにくいので、架空の事例でその概要を説明します。

次のようなものがモラル・パニックです。社会に急速に携帯電話が普及したことにより、若者が携帯電話等に熱中することへの懸念が中高年の間で広がっています。やがて「若年犯罪の増加や少女売春の増加や人間関係

の劣化は、携帯電話の電波による脳へのダメージが原因だ」というようなうわさ話がメディアなどを通じて蔓延したとします。一時期、携帯電話が発する電磁波が、脳に影響を与える、と実際に報道されたことがあります。すると、保護者の間に携帯電話に対する恐怖や社会不安が発生します。不安の高まりの結果、携帯電話の害悪を訴えて携帯電話を子供から取り上げたり、携帯電話販売を禁止したり、携帯電話サイトを一律閉鎖したりする運動が社会全体に一気に広がります。この社会不安と運動をモラル・パニックといいます。

　これらのパニックは社会問題や若者論などを取り上げるメディアの報道により火が付くことが一般的です。半自然発生的にモラル・パニックが起こることもあります。集団狂気（マス・ヒステリア）は、モラル・パニックの要素となりますが、集団狂気とモラル・パニックは異なります。モラル・パニックの場合は、人々の持つ道徳性によって燃え上がり、普通「純粋な恐怖」というより「怒り」として表現されることです。社会的・文化的価値観を覆すものに対する静かな不安が広がっているときに、怒りを表現してパニック的運動を発生させる人々は、市民運動家・政治家・評論家・メディア等の「道徳事業家」と呼ばれる人々です。その標的となるのは、社会からよそもの視される人々です。「フォーク・デビル（民衆の悪魔）」と呼ばれ、民話や噂話やメディア等で様々な害悪の原因としていつも非難される人々のことです。

　モラル・パニックは、社会に緊張を起こすような論争の副産物であり、またモラル・パニックに対し疑問を呈することは、社会の敵を擁護するものとしてタブー扱いされることもあります。その場合、公の場での論争ができないこともあるのです。

　モラル・パニックは、社会が共有してきた価値観や規範に対する脅威が知覚されたときに、人々がその「脅威」を思い巡ることで起こるものです。普通、これらの脅威はマスメディアによる大々的報道に刺激されるか、社

会の中の噂・言い伝え・都市伝説等によって刺激されます。モラル・パニックは様々な結果を残しますが、最も痛ましいものはパニックの中にいる参加者に対する「免状」です。彼らの行いはマスメディアによる観察や報道によって正当性を与えられ、それゆえマスメディアに見られている、または支援されていると考え、彼らは集団心理によって激しい活動に向かって突き進んでしまうことがあります。

❷ いじめ問題

個人同士の喧嘩ではなく、集団である個人をいじめる問題です。程度の差はありますが、グループで、特定の個人に継続的に攻撃を続ける陰湿な行為です。

いじめは、個人では絶対に行わないことを、集団になることで行ってしまう事例としての捉え方ができます。間違ったリーダーが存在し、そのリーダーに逆らえないことで、いじめが起きてしまうこともあります。正確な道徳教育のなされている学校や、正しいリーダーシップを教えている学校がほとんどですが、間違った方向に動くと、こうなってしまうという事例を紹介したいと思います。

文部科学省のホームページで「いじめ」とは、平成18年までは「1：自分より弱い者に対して一方的に、2：身体的・心理的な攻撃を継続的に加え、3：相手が深刻な苦痛を感じているもの。なお、起こった場所は学校の内外を問わない。なお、個々の行為がいじめに当たるか否かの判断を表面的・形式的に行うことなく、いじめられた児童生徒の立場に立って行うこと。」とされていました。

これが、平成18年度より「個々の行為が、いじめに当たるか否かの判断は、表面的・形式的に行うことなく、いじめられた児童生徒の立場に立って行うものとする。いじめとは、当該児童生徒が、一定の人間関係のある者から、心理的、物理的な攻撃を受けたことにより、精神的な苦痛を感じ

ているもの。なお、起こった場所は学校の内外を問わない。」そして、注記として、

 （注1）「いじめられた児童生徒の立場に立って」とは、いじめられたとする児童生徒の気持ちを重視することである。
 （注2）「一定の人間関係のある者」とは、学校の内外を問わず、例えば、同じ学校・学級や部活動の者、当該児童生徒が関わっている仲間や集団（グループ）など、当該児童生徒と何らかの人間関係のある者を指す。
 （注3）「攻撃」とは、「仲間はずれ」や「集団による無視」など、直接的にかかわるものではないが、心理的な圧迫などで相手に苦痛を与えるものも含む。
 （注4）「物理的な攻撃」とは、身体的な攻撃のほか、金品をたかられたり、隠されたりすることなどを意味する。
 （注5）「けんか等を除く。」

と説明されています。

定型的な定義はなく、いじめられている児童生徒の気持ちを重視することが、大切になっています。次に事例を紹介いたします。

いじめ問題の事例 1　愛知県西尾市中学生いじめ自殺事件

愛知県西尾市中学生いじめ自殺事件とは、1994 年（平成 6 年）に愛知県西尾市で起きた男子中学生のいじめが原因での自殺事件です。

「事件の経緯」

1994 年 11 月 27 日、愛知県西尾市立東部中学校 2 年の男子生徒（当時 13 歳）が、自宅裏の柿の木で首を吊って死んでいました。母親に発見されました。葬儀後、自室の机から「いじめられてお金をとられ

た」という内容の遺書が見つかりました。

　西尾市教育委員会による調査の結果、同級生11人がいじめに関わっていることが判明し、主犯格の4人が恐喝容疑で書類送検されました。4人は、小学6年生の頃から自殺した生徒にたびたび暴行を加え、金を要求していたことを認めました。被害者から脅し取った金額は少なくとも110万円と報道されています。その後の裁判で、1995年4月、3人が初等少年院に、1人が教護院に送致されました。中学生が起こした悪質な事件で、当時大きな話題になりました。

いじめ問題の事例2　大津市中2いじめ自殺事件

　大津市中2いじめ自殺事件とは、2011年10月11日に、滋賀県大津市内の市立中学校の当時2年生の男子生徒が、いじめを苦に自宅で自殺した事件です。事件前後の学校と教育委員会の隠蔽体質が発覚し、問題視されました。この事件は、大きくマスコミに取り上げられ、2012年には、本事件が誘因となって「いじめ防止対策推進法」が国会で可決されました。

「事件の経緯」

　2011年9月29日に、大津市内の中学校で発生した出来事です。複数の同級生が、体育館で男子生徒の手足を鉢巻きで縛り、口を粘着テープで塞ぐなどの虐待を行いました。10月8日にも被害者宅を訪れ、自宅から貴金属や財布を盗んだことも判明しています。被害者は自殺前日に自殺をほのめかすメールを加害者らに送りましたが、加害者たちは、相手にしませんでした。その後、男子生徒は10月11日、自宅マンションから飛び降り自殺しました。被害者の自殺後も加害者たちは、自殺した生徒の顔写真に穴を空けたり落書きをしたりし

ていました。学校と教育委員会は自殺後に、担任を含めて誰もいじめの事態に気付いていなかった、知らなかったと一貫して主張していました。後の報道機関の取材で、学校側は生徒が自殺する6日前に「生徒がいじめを受けている」との報告を受けていたことが確認されています。担任らが対応について検討していたことは、認めましたが、当時はいじめではなく喧嘩と認識していたと説明しています。学校側と監督する教育委員会も、当初自殺の原因はいじめではなく家庭環境が問題と説明していました。この隠蔽体質が、後から生徒からのアンケートで発覚し、社会問題に発展したのです。

(3) 群集効果、群集行動

　群集効果は、個人の倫理観は問題がなく、通常の環境であれば、何事も起きない場合でも、「暗い部屋」や「インターネット」等の匿名性が存在する環境では、問題が発生することがあります。また、それは集団になると、加速し、過激になる傾向にあります。そのことを認知しておきましょう。事前に認知し、そういった環境を作らないことで、問題が発生することを避けることができます。

❶ 匿名性が引き起こす問題（同調の有無、過ちの実験）

　複数の男女の行動を観察します。その場の雰囲気がどうなるのか。1時間の明るい部屋での雑談では、何も起きません。しかし、暗い部屋では、問題が起きます。相互に、場所の確認をするため、触れ合う行為や抱き合うといった行動が見られます。性的に興奮することも確認されています。人の目にさらされているときには制約を受けるので、好き勝手なことをしないのです。匿名性があると、好き勝手に動きます。他の様子を見て、同調することも確認されています。

第Ⅳ部　ステップアップの知識

　インターネットでは匿名性が強いと、好き勝手なことを書き込む等の行為が、顕著に現れます。匿名は普段と異なる行動に出る要因になります。それを見て、真似する人が出てきます。最近は、インターネットは若者の情報交換の手段では、早いし、安価で最高のものとなっています。新聞や雑誌と異なり、編集者によるフィルターがありません。間違った情報や意図的に操作された情報も、瞬時に行きわたってしまいます。学生の場合は、少ない情報でも、限られた生活範囲内でのサークル活動で、群集効果が働いてしまう場合もあります。事前に、こういったことが起こりうると知っておくと、その予防になります。

❷ サッカーのサポーター、大学野球の応援

　応援時に、暴徒化することがあります。自分の行動を顧みない行為です。普段行わない、急に声を出す、大きな声で叫ぶ等の行為をするものが増加します。学校等の教室では、絶対に起きないことが起きるのです。社会的なルールと異なると感じてしまうのです。

　大学の新入コンパやサークル活動でのお花見やハイキング等では、集団行動がとられます。この場合に、急性アルコール中毒や器物破損等の事件が起きることがあります。普段、お酒を全く飲まない学生が、そのときに限って飲んでしまうのです。成人式の会場で暴れる新成人が問題になったことがあります。普段は、おとなしい性格の少年が、事件を起こしています。周りが無理にはやし立てる場合もあるでしょうが、そうでなく自分から飲んでしまうことがあります。集団になると、通常とは全く異なる行動をとってしまうのです。集団の中にいると、普段と異なる行動に出てしまうことが、現実にあるということを知っておきましょう。集団効果ということを知っておくことで、事前に予防することができます。

第6章　まっすぐ生きる、幸福論

❸　二元化が邪悪になる実験

　環境が変わると新しい標準を作成して、それに慣れてくることが起きます。行動が過激になることもあります。アメリカ軍のイラクの監獄での事件で確認されています。兵士たちが、勝手にルールを作ります。現場にゆだねると状況次第で悪い方に動くことがあります。特に二者選択の場合、過激になることが確認できます。無理矢理に二者択一に持ってくる行為で、普段しない行動をとらせる場合があります。これも、そういった人間行動の習性を知っておくことで、予防できます。

実験事例 1　スタンフォード大学の監獄事件

　1971年8月14日から1971年8月20日まで、アメリカ・スタンフォード大学心理学部で、心理学者フィリップ・ジンバルドーの指導の下に、刑務所を舞台にして、普通の人が特殊な肩書きや地位を与えられると、その役割に合わせて行動してしまうことを証明しようとした実験が行われました。模型の刑務所（実験監獄）はスタンフォード大学地下実験室を改造したもので、実験期間は2週間の予定でした。

　新聞広告などで集めた普通の大学生等の70人から選ばれた被験者21人の内、11人を看守役に、10人を受刑者役にグループ分けし、それぞれの役割を実際の刑務所に近い設備を作って演じさせました。その結果、時間が経つに連れ、看守役の被験者はより看守らしく、受刑者役の被験者はより受刑者らしい行動をとるようになるということが証明されたのです。この実験はさらに過激になり、ついには中止されました。

❹　「魔女狩り」（中世に実際に起きた事例）

　魔女狩りは、魔女または妖術の被疑者に対する訴追、裁判、刑罰、ある

いは法的手続きを経ない私刑等の一連の迫害を指します。妖術を使ったと疑われる者を、裁いたり制裁を加えたりすることは古代から行われていたのです。ヨーロッパ中世末の 15 世紀には、悪魔と結託してキリスト教社会の破壊を企む背教者という新種の「魔女」の概念が生まれました。そして、最初の大規模な魔女裁判が起きました。そして初期近代の 16 世紀後半から 17 世紀にかけて魔女裁判の最盛期が到来しました。現代では、歴史上の魔女狩りの事例の多くは、社会不安から発生した集団ヒステリー現象であったと考えられています。

　近世の魔女迫害の主たる原動力は、教会や世俗権力ではなく民衆の側にあります。15 世紀から 18 世紀までに、全ヨーロッパで推定 4 万人から 6 万人が処刑されたと考えられています。犠牲者のすべてが女性だったわけではなく、男性も多数含まれていました。

　妖術に対する恐れは、過去のヨーロッパのみならず多くの社会に普遍的に見られる人類学的事象です。20 世紀以降もアフリカ、パプアニューギニア、インド等で、妖術の容疑者に対する迫害が行われていたことが報告されています。

　群集心理は、時に、恐ろしい事件を起こすことがあります。倫理観の欠如といえるのですが、別の視点から人の行動を観察する必要があります。ビジネス倫理を考えるときに、知っておくべき事柄です。

(4) プロパガンダ

　プロパガンダ（propaganda）は、特定の思想・世論・意識・行動へ誘導する意図を持った、宣伝行為です。歴史的に、情報統制を行い、民衆の思想をコントロールして、一定方向に向けるときに使われた事実があります。通常、情報戦、心理戦もしくは宣伝戦、世論戦と和訳されます。しばしば大きな政治的意味を持つ言葉として使われることがあります。最初に、プ

ロパガンダという言葉を用いたのは、1622年に設置されたカトリック教会の布教部門の名称です。ラテン語で、繁殖させる、種を蒔くという意味です。人の思想を、一定方向に誘導する行為で、過去に民衆の活動に利用されたことがあります。良い方向に向かうとは限りません。ビジネス倫理も、間違った方向に向かうときがあるので、理解しておきましょう。

　あらゆる宣伝や広告、広報活動、政治活動はプロパガンダに含まれます。政治家・思想家・企業人などの利益追求者や、国家・政党・企業・宗教団体等の利益集団がよく利用します。上記のような利益追求者は、人々が支持しているということを、自らの正当性につなげます。人々の支持を維持し続けるために、このプロパガンダは重要なものとなります。対立者が存在する者にとってプロパガンダは武器の1つです。自勢力やその行動の支持を高めるプロパガンダのほかに、敵対勢力の支持を自らに向けるためのもの、または敵対勢力の支持やその行動を失墜させるためのプロパガンダも存在します。

　本来のプロパガンダという語は中立的なものです。しかし、カトリック教会の宗教的なプロパガンダは、敵対勢力からは反感を持って語られるようになりました。そこで、プロパガンダという語自体が軽蔑的に扱われ、「嘘、歪曲、情報操作、心理操作」と同義と見るようになりました。

　またプロパガンダを思想用語として用い、積極的に利用したウラジーミル・レーニン（ソビエト連邦）や、ヒトラー（ナチス・ドイツ）においては、情報統制と組み合わせた大規模なプロパガンダが行われるようになりました。そのため西側諸国ではプロパガンダという言葉を一種の反民主主義的な価値を内包する言葉として利用されることもあります。

(5) 嫌がらせ

　以下の問題は、現実に、企業内で起こっていることです。ストレスがた

まっている上司や同僚から、嫌がらせを受けることがあります。必ずしも、嫌いで行われているわけではなく、自分自身のストレスの発散の手段としてのケースも多いようです。いくら正しいビジネス倫理規範を作成しても、その要因であるストレスが蓄積していく環境を放置していたのでは、問題は解決しません。そのことを知った上での対策が必要になります。

❶ パワー・ハラスメント

上司と部下の間で、上司であるという権限を使って嫌がらせをすることです。また、同僚同士でも、使われることがあります。パワハラと略して使われています。嫌がらせをしている人が、嫌がらせと認知していない場合も多いです。特に、同僚同士では、無理やり飲み会に誘ったり、ユーチューブへの投稿動画の撮影に参加させたりといった、一見、なかよくしているような場合でも、それをパワハラと捉えている場合もあるので、注意が必要です。

❷ セクシャル・ハラスメント

「性的嫌がらせ」という意味で用いられる言葉です。略して、セクハラといわれることもあります。世代が違う人たちが働く企業内では、当然それぞれの価値観が異なります。セクハラをしていると全く認知していない上司が、部下の女性に対して屈辱的な言動をとること等は、一見上司の同世代から見ると、取るに足らない出来事かもしれません。しかし、部下の女性は、かなり傷ついていることがあります。価値観の相違が、問題を引き起こしています。ビジネス倫理を考える上で、非常に重要なポイントになります。

❸ マタニティ・ハラスメント

妊娠した女性に対する、退職等の嫌がらせを行うことです。マタニティ・

ハラスメントをなくすことは、女性が働く上で、まず取り除かなければならない大切なことです。子育ては非常に大切なことで、夫婦が共同で行うものです。しかし、風習や文化によって、特に企業内の暗黙知のルールによって、妊娠したら辞めるといった習慣が残っている企業が、まだまだたくさん存在しています。こういった問題をなくすには、トップの強いリーダーシップと粘り強く研修を繰り返して、企業内の倫理観を変えていくことが必要になります。

❹ ソーシャル・ハラスメント

　ツィッター（twitter）やフェイスブック（facebook）等のソーシャルメディアにおいて、職場等の上下関係を背景に行われるハラスメント（嫌がらせ）行為です。パワー・ハラスメントの一種として説明されます。ソーシャル・ハラスメントは、インターネットや携帯電話を使って、一気に拡散してしまうので、非常に注意が必要です。一旦拡散した情報は、もとには戻りません。教育研修だけでは効果がないときは、システム上の整備が必要になります。

2 メンタルヘルス

(1) メンタルヘルスとは

　精神面における健康のことです。精神的健康、心の健康、精神保健、精神衛生と称されます。主に精神的な疲労、ストレス、悩み等の軽減や緩和と、それへのサポート、メンタルヘルス対策、あるいは精神保健医療のように精神疾患の予防と回復を目的とした場面で使われています。

　ビジネス倫理で特に必要な知識は、ストレスの解消法です。ストレスがたまると、人は、攻撃的になったり、逆にうつ状態になったりします。倫理観は、心の問題なので、人の心の動きを知ると、その解決に役立つことがあります。いくつか、行動経済学や行動心理学の知識として非常に役に立つものを紹介します。

(2) 囚人のジレンマ

　囚人のジレンマとは、ゲーム理論や経済学における重要概念の1つです。「互いに協調する方が裏切り合うよりも良い結果になることがわかっていても、皆が自身の利益を優先している状況下では、互いに裏切り合ってしまう」というようなジレンマを指します。

　共同で犯罪を行ったと思われる囚人A、Bを自白させるため、警官は2人に以下の条件を伝えました。

　「もし、お前らが2人とも黙秘したら、2人とも懲役2年だ。」

　「だが、お前らのうち1人だけが自白したら、そいつはその場で釈放してやろう（つまり懲役0年）。この場合自白しなかった方は懲役10年だ。」

「ただし、お前らが2人とも自白したら、2人とも懲役5年だ。」

このとき、2人の囚人は共犯者と協調して黙秘すべきか、それとも共犯者を裏切って自白すべきか、というのが問題です。なお彼ら2人は別室に隔離されており、2人の間で強制力のある合意を形成できない状況に置かれているとします。例えば、自分だけが釈放されるように相方を脅迫したり、2人とも黙秘するような契約書をかわしたりすることはできないのです。

囚人A、Bの行動と懲役の関係を表にまとめると、以下のようになります。

	囚人BはAと協調	囚人BはAを裏切る
囚人AはBと協調	（囚人A懲役2年、囚人B懲役2年）	（囚人A懲役10年、囚人B懲役0年）
囚人AはBを裏切る	（囚人A懲役0年、囚人B懲役10年）	（囚人A懲役5年、囚人B懲役5年）

囚人2人にとって、互いに裏切り合って5年の刑を受けるよりは互いに協調し合って2年の刑を受ける方が得です。しかし囚人たちが自分の利益のみを追求している限り、互いに裏切り合うという結末を迎えることになります。これがジレンマといわれる理由です。

このようなジレンマが起こるのは、以下の理由によります。まずAの立場で考えると、Aは次のように考えます。

1）Bが「協調」を選んだ場合、自分（＝A）の懲役は2年（「協調」を選んだ場合）か0年（「裏切り」を選んだ場合）だ。だから「裏切り」を選んで0年の懲役になる方が得だ。

2）Bが「裏切り」を選んだ場合、自分（＝A）の懲役は10年（「協調」を選んだ場合）か5年（「裏切り」を選んだ場合）だ。だからやはり「裏切り」を選んで5年の懲役になる方が得だ。

以上の議論により、AはBがどのような行動をとるかによらず、Bを裏切るのが最適な選択といえるのです。よってAはBを裏切ることになります。しかし、それはBにも同じことがいえるのです。Bにも同じ条件が与えられているので、BもAと同様の考えにより、Aを裏切ることになるのです。よって実現する結果は（裏切り、裏切り）となります。

　重要なのは、相手に裏切られるかもしれないという懸念や恐怖から自分が裏切るのではなく、相手が黙秘しようが、裏切ろうが自分は裏切ることになるという点です。このため仮に事前に相談できたとして、お互い黙秘をすると約束したとしても、それに拘束力がない限りは裏切ることになるのです。

　なお、この場合のパレート効率的な組合せは、（協調、協調）、（協調、裏切り）、（裏切り、協調）の3つです。（裏切り、裏切り）は、ナッシュ均衡ではあってもパレート効率的ではないのです。

　ビジネス倫理の倫理行動規範は必ず双方向性が必要で、助けが必要なときに、助けられる仕組みが内在していなければなりません。ビジネス倫理上の問題を起こしている人が上司の場合、「囚人のジレンマ」に似た状況に陥るかもしれません。内部通報制度にも似た側面があります。ビジネス倫理を守る意思はあっても、その現在の状況を外部に伝えるには、勇気がいるのです。そして、思い切って決断し行動を起こしても、自分の居場所がなくなり、周囲から反感を買うような状況では、ビジネス倫理は守られません。ビジネス倫理が正常に働く環境を整備しなければならないのです。

(3) プロスペクト理論

　次に人の行動と心の動きをつないだ、社会心理学の代表的な理論を紹介します。行動経済学ともいわれ、うまく利用すると人の行動を誘導することができます。ビジネス倫理は、正しい行動をするために、企業内の価値

観を共有することです。間違った方向に誘導されないためにも、社会心理学または行動経済学の知識は重要です。

　プロスペクト理論とは、人は、「得をするとき」と、「損をするとき」で価値の感じ方が異なることを説明した理論です。例えば、あなたが、宝くじを引く場合を考えてください。以下の２つのパターンのくじを選択できるとします。①は、「もれなく10,000円が当たるくじ」です。②は、「50％の確立で20,000円が当たるくじ」です。この場合、あなたはどちらを選びますか。自分自身で選択してみましょう。統計的に有意な多数を対象にした実験によれば、約60％の人が、「もれなく10,000円が当たるくじ」を選択しました。

　では、次の場合はどうでしょう。③「もれなく10,000円を罰金として取られるくじ」と④「50％の確立で20,000円を罰金として取られるが、50％の確立で罰金を免除されるくじ」です。この場合の実験結果は、①を選んだ人の割合は30％にまで落ち、④を選ぶ人が70％まで上昇しました。

　このくじによる実験は、結果的に見た場合、どの選択肢を選んでも、金銭的価値としての期待値は、すべて10,000円です。でも、最初の実験「得をするとき」の場合は、得られる金銭は少なくても良いから、より堅実性の高い選択肢①を選び、２番目の実験「損をするとき」の場合は、よりリスクの高い（つまりは堅実性の低い）選択肢④を選んで、リスクを回避しようとする意思がうかがえます。

　つまり、同じ額でも自分の「利益」と「損失」では、「損失」の方がより強く印象に残り、それを回避しようとする行動をとることを示しています。これを行動経済学では損失回避性といいます。また、同額であっても損失の方をより強く感じることに変わりはなくとも、損失・利益ともに額が大きくなればなるほど、その感覚が鈍ってくることも実験によってわかっています。これを感応度逓減性といいます。

　プロスペクト理論とは、「価値関数（損失回避性）」と、大きい額になる

につれ感覚が麻痺してくることをあらわす「確立加重関数（感応度逓減性）」からなり、人間が利益や損失を伴う選択肢でどのような意思決定をするか、損失と利得をどのように評価するのかを解説する理論です。

　感応度逓減性を、もう少しわかりやすい例で説明します。①Ａショップで、10,000円で売られている音楽プレーヤーが、15分ほど先の②Ｂショップでは、6,000円で売られている場合、ほとんどの人は、②Ｂショップへ買い物に行くと思います。同じく③Ａショップで、250,000円で売られている携帯パソコンが、④Ｂショップで、246,000円で売られていた場合は、どうでしょう。15分歩いて、わざわざ④Ｂショップへ行きますか。同じ、金額6,000円の差ですが、金額が大きくなると、その差が小さく感じると思います。経験上、皆さんにも、多少なりとも同様な感覚があると思います。

　プロスペクト理論は、ファイナンスにおける意思決定等において、応用されています。確実な利益を選考する顧客と、リスクを選考する顧客では、行動パターンが異なります。

　行動経済学における最も代表的な理論の1つです。このモデルは、記述的（descriptive）といわれます。規範的（canonical）モデルと異なり、最適解を求めることよりも、現実の選択がどのように行われているかをモデル化することを目指すものなのです。個人が損失と利得をどのように評価するのかを、実験等で観察された経験的事実から出発して記述する理論です。実際の数学的な、損得よりも、人は経験的に別の行動をとることがあるのです。つまり、人の行動は、①「確率にたいする人の反応が線形でない」（比例しない）と②「人は富そのものでなく、富の変化量から効用を得る」という2つが指摘されています。

　この一連の結果が意味することは、人間は目の前に利益があると、利益が手に入らないというリスクの回避を優先します。また、損失を目の前にすると、損失そのものを回避しようとする傾向があるということです。

　上の実験を整理すると、次のようになります。

「価値の大きさは金額に比例しない。金額が2倍になると、価値は2倍にはならず、2倍弱（1.6倍ぐらい）になる」、こう考えると、「2倍の金額を半分の確率で得るよりも1倍の金額を確実に得る」ことの方が利益になるとわかります。また、「損害額を2倍にしても損害の価値（マイナス値）は2倍にはならない」のであれば、2倍の損害のリスクを半分の確率で負う方が利益になります。このように、「価値の大きさは金額に比例しない」というモデルを取ることで、説明が可能となります。

(4) フレーミング理論

フレーミング理論とは、物事は見る角度、判断する角度によって印象が大きく変わるということです。理髪店の主人が従業員に「この給料の2割を毎月貯金しなさい」といいました。すると、従業員は「それは無理です」と答えましたが、「この給料の8割で生活してみなさい」といわれると、「やってみます」と答えました。

あなたは、次の医師の説明を、どう受け取りますか。あなたは病気にかかってしまい、治療のために手術を受けなければならないとします。その際、医者から以下の2通りの説明を受けました。

① この手術は死亡率が10%です。
② この手術は生存率が90%です。

このやりとりは、結局いっていることは一緒です。でも、受ける印象は異なると思います。結局、医師は、成功するか、失敗するかのどちらかだといっています。つまり、「all or nothing」ですが、2つの説明から受ける印象は違います。これらは、物事の見方やどの部分（数字、データ）にフォーカスを当てるかによって、違う印象を受けるというフレーミング理論を解説する代表的な例です。

フレーミング理論とは、物事のどの部分を基準とするか、数字データな

どの見せ方を変えることで、その物事に対する判断を大きく変えてしまうということを解説した理論です。

例えば、①死亡率10％と②生存率90％では、②の生存率90％といわれた方が、手術が楽に聞こえます。また、③不良品発生率が10％から5％になったと④不良品発生率が50％減になったでは、④の方が、改善したように聞こえます。実は、いっていることは同じです。同じことをいっていますが、これら2つから感じ取れる印象はまったく異なります。どちらの文章も後者の方がより大きい印象（この例では良い印象）を与えることに気が付くはずです。

リスクやネガティブワードは小さく、ベネフィットやポジティブワードは大きく表現する方針に変えていくことで、相手の判断を自分の考えている方向に誘導させることが可能になるのです。

フレーミング理論を応用したものとしては、広告宣伝の事例を紹介します。

　①　「1日100円で、ロレックスがあなたの物に」
　②　「1日1杯のコーヒーを我慢して、ロレックスがあなたの物に」

等があります。これは以前、実際にあった広告チラシでの事例です。コーヒー1杯ということで、出費を小さく見せることができます。ロレックスを買わせようとする企業広告です。勿論、冷静に考えれば、ロレックスを購入するにはローンを組むわけで、ロレックスそのものは高価なことは変わりません。出費総額は変わらないのです。

フレーミング理論は、使い方を誤ると混乱や不要な不安の要因になります。ただし、フレーミング理論は、状況により具体的な数字等を使い誤解のないような表現をしなければいけないときもあります。例えば、前述の医者の説明では、

　①　「この手術では100人中90人が手術に成功します。」
　②　「この手術では100人中10人が手術で亡くなります。」

と 2 種類の説明を比べた場合、同じ内容の説明であるにも関わらず、後者は「亡くなる」という部分に、思考がフォーカスされてしまうため、要らぬ不安を与えてしまうことがあります。使い方は、難しく、要注意です。

(5) 選好逆転

　選好逆転とは、どの選択肢を選択するかが、その選択肢が提示された「状況」や「順番」等によって変化してしまう現象をいいます。陥りがちな思考の罠について説明します。

　例えば、Aさんは消費財メーカーの販売促進担当です。現在、新商品のパッケージについて検討中です。

　今回の新商品サプリメントは、2つの効果があります。①アンチエイジングの効果と②毛髪の成長の活性化です。どちらを前面に打ち出すべきでしょうか。2パターンのパッケージのどちらを選好するか、事前に加齢、毛髪の双方に悩みがあると答えたユーザーに、同時に見てもらいました。その調査結果では、①のアンチエイジングを前面に出したパッケージの方が、②の毛髪の活性化に重点を置いたパッケージよりも、55対45くらいで優位と判明しています。個人的には、最初に別々に見たときには、②の毛髪の成長の活性化の可能性を前面に出しているパッケージの方がインパクトがあって良さそうに見えました。しかし、消費者（テスト調査結果）が①のアンチエイジング前面の方が好みというので、今回は①のアンチエイジングを前面に出すパッケージ案に決定しました。

　この決定は正しいでしょうか。テストの調査結果を鵜呑みにしてよいのでしょうか。

　①のアンチエイジングの効果はすぐに実感できませんが、テスト結果の通り毛髪の悩みよりも大きい問題のようです。しかし、②の毛髪の活性化は、この商品を使うとすぐに実感できます。

今回の落とし穴は、「選好逆転」です。厳密にいえば、「選好逆転の可能性の見落とし」です。

　繰り返しになりますが、選好逆転とは、どの選択肢を選択するかが、その選択肢が提示された状況や順番等によって変化してしまう現象をいいます。選好逆転には様々なパターンがありますが、よく知られているものとして、同時に提示するか、それとも別々に提示するかで、選好の結果が変わってくるという現象があります。また、効果のすぐ出るものと、時間がかかるものを同時に提示すると、効果のすぐ出るものに影響されます。明らかに、すぐに効果が出る方を宣伝する方がインパクトがあります、この事例では、その時系列を検討しなかったことが問題です。

　Aさんは、2つのパッケージ案を同時に提示している様子がうかがえます。しかし、現実問題として、通常、最終的に消費者が目にするのは、どちらか1つのパッケージとなります。2つを比較することはありません。しかも、①「アンチエイジング」と②「髪の成長に効果がある可能性あり」では、感じる効用のダイレクト感が違います。こういう場合は、同時比較テストも悪くはないですが、それぞれ片方を示した上で、「買いたいと思うか」と質問するというテストも必要なのです。消費者は比較することなく、どちらにインパクト感を感じるかで購入するからです。

　もう1つ事例を示します。複数のサンプル集団に、3年契約の仕事の給与条件について、以下の2つの選択肢のうちの1つを見せます。各サンプル集団は極力似たような属性の集団とします。

　　① 「パターン1：初年度給与800万円、2年度給与750万円、3年度給与700万円」
　　② 「パターン2：初年度給与700万円、2年度給与750万円、3年度給与800万円」

　パターン1だけを見せられたサンプル集団は、この選択肢を魅力的ではないと考えました。逆に、パターン2だけを見せられたサンプル集団は、

概ねこの選択肢を好意的に捉えました。「この条件で働いてみたいか」との質問に対しては、パターン2だけを見せられたサンプル集団の方が「働いてみたい」と答える比率が高いという結果となりました。比較するものがないので、毎年給与が上がることに対して好感を持ったパターン2を選好したのです。

その後、各サンプル集団は、それぞれもう1つの選択肢を提示され、2つ比較した上でより好ましいと思う方を選ぶように指示されます。その結果、早い時期にキャッシュを得ることができるパターン1を選ぶ人間が大多数を占めました。初めは選好されなかったパターン1に人気が集中したのです。

なぜこのようなことが起こるのでしょう。パターン1だけを見せられたとき、強烈に印象に残るのは、毎年給与が下がるという点でしょう。給与が毎年下がるというのは、通常はあまり好ましいことではありません。それゆえ、この選択肢は単独では魅力的な選択に映らないのです。

しかし、パターン2と比較すると、額面の総額は同じで、しかも不確実性が低く時間的価値が高い初期の段階にキャッシュが手に入りますから、パターン1の方が実は有利な条件であることに気が付くのです。統計的なファイナンスの用語でいえば、商品の現在価値（NPV=net present value）が高くなっているのは明らかにパターン1です。冷静に判断が下されたということです。

このようなことが起こる原因としては、まず「人は、同時に評価する方が、総合的により合理的な判断ができる」という考え方があります。そして、もう1つ「個別評価では、評価が難しい、または、気が付きにくい評価軸（先の実験例であれば不確実性や金銭の時間的価値の評価）を軽く見る傾向にあります。つまり、評価がしやすい評価軸（給与が毎年上がるか下がるか）を重く見る」という考え方もできます。

商材にもよりますが、人間は瞬時の判断で購入の意思決定をすることが

少なくありません。しかも、それは往々にして合理的にではなく、感覚的に行われます。世の中、常に時間をかけて合理的に判断する人ばかりではない、むしろそういう人間は稀であるという意識は持っていたいものです。

(6) コンコルド効果（埋没費用）

　コンコルド効果とは、人の心理現象の1つで、超音速旅客機コンコルドの商業的失敗を由来とする言葉です。

　コンコルドの誤り、コンコルドの誤謬、コンコルド錯誤と表現されることもあります。コンコルドとは、イギリスのBACとフランスのシュド・アビアシオン等が共同で開発した超音速旅客機です。初飛行は1969年3月1日で、合計20機が製造されました。衝撃波を伴う騒音、燃費が悪いこと、飛行距離が短いこと、乗客定員が約100名と少ないこと等から商業的には失敗に終わりました。開発当時は250機が採算ラインともいわれていましたが、採算ラインに乗ることはなく、1976年11月2日に製造中止が決定され、2003年に全機が退役しました。

　この商業的な失敗から、コンコルド効果という言葉が使われるようになりました。埋没費用はコンコルド効果の別名です。ある対象への金銭的・精神的・時間的投資をし続けることが、損失につながるとわかっているにも関わらず、それまでの投資を惜しみ、投資をやめられない状態を指します。

　埋没費用とは、事業に投下した資金のうち、事業の撤退・縮小を行ったとしても回収できない費用をいいます。初期投資が大きく、他に転用ができない事業ほど埋没費用は大きくなるので、新規投資や新規企業の参入は慎重になります。寡占論では、埋没費用の大きさが参入障壁の高さを決める要因の1つとされます。

コンコルド効果の事例1　つまらない映画を見続けるべきか

　2時間の映画のチケットを1,800円で購入したとします。映画館に入場し、映画を見始めました。10分後に映画が余りにもつまらないことが判明した場合に、映画を見続けるべきか、それとも途中で映画館を退出して、残りの時間を有効に使うべきかが問題となります。映画を見続けた場合はチケット代1,800円と上映時間の2時間を失います。一方で、映画を見るのを途中で止めた場合はチケット代1,800円と退出までの上映時間の10分間は失うが残った時間の1時間50分を有効に使うことができます。

　この場合のチケット代1,800円とつまらないと感じるまでの10分が埋没費用です。この埋没費用は、上記のどちらの選択肢を選んだとしても回収できない費用です。時間を浪費してまでつまらないと感じる映画を見続けることは、経済学的に合理的な選択ではないと考えられます。途中で退出して残りの時間を有効に使うことが、経済学的に合理的な選択です。

　しかし、多くの人は「払った1,800円がもったいない。元を取らなければ」等と考え、つまらない映画を見続けることによって時間を浪費してしまいがちです。人の習性は簡単には変わりません。皆さんも同様な行動をとるのではないでしょうか。

コンコルド効果の事例2　チケットを紛失した場合

　ある映画のチケットを1,800円で購入し、このチケットを紛失してしまった場合に、再度チケットを購入してでも映画を見るべきか否かが問題です。

　チケットを購入したということは、その映画を見ることに少なく

> とも代金1,800円と同等以上の価値があると感じていたからのはずです。一方、紛失してしまったチケットの代金は前述の埋没費用に当たるものだから、2度目の選択においてはこれを判断材料に入れないことが合理的です。
>
> 　ならば、再度1,800円のチケットを購入してでも、1,800円以上の価値がある映画を見るのが経済学的には合理的な選択となります。しかし、人は「その映画に3,600円分の価値があるか」という基準で考えてしまうのです。
>
> 　よくある誤解を説明します。埋没費用は、投資対象が無駄であった場合にのみ発生すると認識されがちですが、誤りです。投資費用が埋没費用であるかどうかと、投資対象が有用であるかどうかとは、本質的に関係がありません。
>
> 　例えば前述の「事例1」では、仮に選んだ映画が素晴らしい内容であったとしても、チケット代1,800円は埋没費用のままです。費用が埋没費用であるかどうかは、その費用の回収可能性だけで判断すべきことです。映画の内容の良し悪しと、チケット代が埋没費用であるかどうかは無関係なのです。

(7) 保有効果

　保有効果とは、自分が所有するものに高い価値を感じ、手放したくないと感じる現象をいいます。または、それを手放すことに強い抵抗を感じてしまう心理効果のことです。人間心理における「保守的な思考」を表す効果として知られています。

　結果として新しいものを手にしたときに得られるメリットより、今、手にしているものを失うことによるデメリットを強く感じ取ってしまうことになります。

例で考えてみましょう。2つのグループに以下のような質問を投げかけた場合、その回答には偏りが出ます。

① 「基本的な機能のみがついている安価な携帯電話を、値段は高いが機能が豊富な携帯電話に買い替えるか。」
② 「値段が高いが豊富な機能はついている携帯を、値段は安いが基本的な機能しかついていない携帯電話に買い替えるか。」

どちらのグループにおいても「現状を維持する」方に答えが偏るのです。保有効果の原理について、これらの現象が起こる原因の1つは「損失回避」にあると考えたのが、2002年にノーベル経済学賞を受賞したダニエル・カーネマンです。「保有効果」は自分のモノになると、突然その価値が上がるという人間の性質を表しています。

株式投資において、前に投資して儲かったことがある等の理由があれば、今持っている株をなかなか手放さないこと。また、また同じ株に次々と資金を投入し、新しい銘柄などに目がいかないのは、この「保有効果」が働いているからといわれます。

なお、これに、プロスペクト理論の「損失回避性」が加わります。人は同額の利益を得るより、損失から得る苦痛の方が、はるかに大きいとする心理特性を意味します。

(8) アンカリング効果

アンカリング効果とは、最初に印象に残った数字やものが、その後の判断に影響を及ぼすという認知バイアスの一種のことです。このアンカリング効果には、次のような研究結果があります。

実験の対象者には、数値のみを変えた以下の2つの質問に回答してもらいます。

「設問1」
1. 国連でアフリカ諸国が占める割合は65%よりも高いか、それとも低いか？
2. それは具体的に何パーセントですか。

「設問2」
1. 国連でアフリカ諸国が占める割合は10%よりも高いか、それとも低いか？
2. それは具体的に何パーセントですか。

「設問1」の場合は平均45%、「設問2」の場合は平均25%という結果になりました。1の質問で示された数字に影響されているということがわかりますね。しかもこの数字は、ランダムに選択された数値で、被験者にもそのことは、事前に説明されています。つまりなんの根拠のない数字とわかっていても、その後の判断に影響を及ぼすというのが、この「アンカリング効果」のポイントです。

これは価格交渉の場で、効果的です。まずは実際に決着したい金額より多めに提示します。そこからスタートすることで、値引き交渉に応じても結果的に決着したい金額かそれ以上で決着できる可能性が高くなります。

これは最初に提示した額が相手の基準として、アンカリング効果が働くからです。逆に発注側の人は見積もり依頼の際に、少なめの予算を提示しておくといいでしょう。それよりも少し上の金額で決着しやすくなります。

アンカリング効果の語源は、船の錨（アンカー）で、錨を降ろした船が繋がれた範囲しか動けないことと、顧客が情報を得ることで判断が基準点に縛られてしまうことからです。

顧客の購買行動に極めて大きな影響を与えている要因の1つです。

アンカリング効果の事例1　表示方法（実際に販売したことのない虚偽の価格表示は、景品表示法違反）

　通常価格30,000円の商品があった場合、通常であれば顧客は製品の品質や利用価値に注目し、価格に見合ったものかどうかを検討した上で購入するか否かを判断します。そこで「通常価格60,000円→特別価格30,000円」と表示することで、先に提示した通常価格60,000円という情報がアンカーとなり、30,000円という価格に対して「30,000円値引きされている」と判断されることになります。その商品が、「お買い得」に感じられるのです。

　価格のアンカリング効果により顧客は購買判断の際に、性能や品質以上に価格や割引率といった数字に注目してしまうことが多いのです。これが「衝動買い」にも大きな影響を及ぼしています。

アンカリング効果の事例2　アンカリング効果と妥協効果と回避性

　妥協効果と呼ばれる回避性とアンカリング効果を組み合わせた手法があります。妥協効果とは極端な高低の価格帯を避け、無難な中間の価格帯を選びやすいという心理効果のことです。例えばAという商品が20,000円、Bという商品が10,000円だった場合を考えます。当然、顧客の選択枝は双方に分散します。そこに更に上の商品S：30,000円という高品質・高価格の商品を用意します。すると、Sの商品が高価格帯の基準になり、AとBの商品に割安感が出て注目されるようになるのです。

　その際に安い商品を選んで失敗したくないという心理により、「妥協効果」が働いて一番安いBの商品が選択から除外されることが多いのです。結果として、中間の価格帯となったAの商品が選ばれやすくなります。

このように非常に高価格な商品を「ブラフ（はったり）」として設定することで、もともとは高価格である商品を無難な選択肢だと思わせることができるのです。この手法は使用前の品質判断が難しい製品等に、店ごとに価格設定が違う商品やサービスで、利益率の最も高くなる選択肢に集中させるために活用されることがあります。

アンカリング効果の事例3　アンカリング効果の心理学実験

100、1,000、10,000という数字の入ったカードを1枚だけ引いてもらいます。その後、ボールペンの価格を予想してもらうという心理学実験を行います。結果として小さな数字を引いた人は低い価格を予想する傾向があり、大きな数字を引いた人は高い価格を予想する傾向が見られました。

さらにボールペンの品質を評価してもらいます。小さな数字を引いた人からは、書き味が悪いという意見があり、大きい数字を引いた人からは高級感がある、手が疲れにくい等の意見が多いという傾向が出ます。

直接関連のないカードの数字でさえもアンカリング効果の要因となり、価格判断や品質判断に影響を与えることもあるという事例です。

インターネット販売で、WEBサイト上においては、基本的に値引き交渉の場はないのですが、以下のように利用すると効果的であることが確認されています。

高額な商材であれば、一番高い品物をトップページ等、ユーザーが最初に目にする場所に掲載します。そうすることで他の商品を見たときに安いと感じる効果と、高い物を置いている店だから他の商品も質が良いと信用してもらえるという効果があります。

> この効果のポイントは、根拠のない情報でも判断に影響を及ぼすということです。あまり根拠のないふっかけを多用すると、マイナスイメージにもなりかねないので、この点は注意が必要ですね。

(9) 行動・非行動の法則

　行動・非行動の法則とは、行動したことによる後悔と、行動しなかったことによる後悔は、どちらが大きいかという人間の心理状態をいいます。あなたは、洋服を買いに出かけました。Aショップで、とても好みの限定品のジャケットを見つけました。購入しようと思い値札を見てみると100,000円です。予算が50,000円だったあなたは、このジャケットを購入しようかどうか、以下の選択肢の間で迷っています。

　① 数か月先までの食費を半額に減らしてでもジャケットを買う
　② 予算オーバーだから諦める

　この２つの選択で迷ったあなたは、結局買わずに帰路に着きました。しかし、どうしても諦め切れなかったあなたは、ジャケットを買うことを決め、翌日ショップに出向きましたが、既に売り切れており、限定品であるために取り寄せも不可能でした。「買う」「買わない」での後悔の思いについて考えます。今回のケースではどちらの行動もいずれにしろ後悔する選択ですが、どちらの選択肢の方がより後悔の度合いが強いでしょうか。

　株売買に関する類似の実験でアンケートを取ると、より多くの人間が長期的に見たときには、「予算オーバーだから諦める」選択肢の方が後悔すると答えています。このケースの面白い点が、無理して買ったら買ったで、短期的には無理して買ったことを後悔するということです。

　これは買い物のために、無理な金銭負担（金銭リスク）を生じさせてしまったことに対する後悔によるものなのですが、こうした心理状況は行動経済学では、(3) 項のプロスペクト理論の「損失回避性」で説明すること

ができます。

　しかしながら、いったんジャケットが自分の物になると、購入金額以上の価値を感じ始めるため、それに伴い、買ったことに対する後悔が薄れていくのです。行動経済学では (7) 項の「保有効果」という理論で説明することができます。

　そうした一連の心理状況の変化の中で、短期的には後悔する買い物も、時が経つにつれ徐々に後悔の気持ちは薄れていきます。買わない行動を選択した場合は、そうした気持ちの移り変わりはなく、代わりに「買わなかった」という部分のみがフォーカスされてしまうために、長期間にわたって後悔してしまうことになるのです。

(10) 選択回避の法則と松竹梅理論

　選択回避の法則とは、豊富な選択肢は、むしろ判断しづらくなることをいいます。ショッピングモールで自転車を買おうとした際、7種類の自転車を取り揃えているAショップと、20種類の自転車を取り揃えているBショップでは、どちらの方の売上が高くなるでしょう。また、どちらのショップで買い物をした方が、満足度の高い買い物ができるのでしょう。

　実験によれば、購入率は、Aショップの方が約10倍高く、買い物後の顧客の満足度も、Aショップの方が高かったのです。サービスを提供する側としては、より多くの選択肢を用意し、顧客によりマッチしたサービスを提供しようとする方が、良い結果をもたらすと予想しましたが、逆の結果になりました。多くの選択肢を用意され、それらを比較し、自分にとって最高の選択をしようとする顧客は、選択後も選ばなかった選択肢について悩んでしまい、結果的に満足度が低下してしまう傾向にあるのです。

　松竹梅理論とは、人は3つのグレードがあると真ん中を選ぶということです。デジカメを買おうと家電ショップに行き、同一メーカーの3つのモ

デル、A（50,000円）、B（35,000円）、C（20,000円）を見ています。それぞれ、グレードが違い、値段も異なりますが、あなたは３つの内どのモデルを買いますか。

実験によると、選択肢がB（35,000円）、C（20,000円）の２種類しかない場合、それぞれの売上は、半々になりましたが、上位機種A（50,000円）を加えた３種類の場合、真ん中のモデルB（35,000円）の売上が約６割を占め、上位機種の売上も約２割に達しました。 これは古くから日本でもお寿司や定食屋のメニューに「松」「竹」「梅」とあるように、一番下のグレード「梅」ではちょっと物足りないけれど、「松」では贅沢だから「竹」を選ぼう、といった人の心理なのです。

こうした、真ん中のものを選ぶ性質を、行動経済学では「極端性回避」と呼ばれます。

（11）ピーク・エンドの法則

ピーク・エンドの法則とは、われわれは自分自身の過去の経験を、ほとんど完全にそのピーク時（絶頂期）にどうだったか、嬉しかったか、悲しかったか、また、それがどう終わったかだけで判定するという法則です。ピーク以外の情報が失われることはないのですが、比較には使われないのです。それには、喜びもしくは悲しみの総量、またその経験がどのくらい持続したかですらも含まれます。

実験では、第１グループが、大音量の不快な騒音にさらされました。第２グループは、第１グループの人々と同じ大音量の不快な騒音にさらされましたが、その最後に幾分ましな騒音が追加されていました。この第２グループは、その騒音の不快さの評価は、第１グループの人たちよりも低かったのです。最初の同一の騒音区間に加え、不快さを抑えた引き延ばされた区間があり、第１グループより、さらに長期間の不快騒音であったはずで

す。それにも関わらず、第1グループが、一番騒音に対して大きな不快さを感じたのです。

　この実験は、ダニエル・カーネマン他によって初めて提案されました。カーネマンは、人々が経験を、その合計ではなく平均で知覚することから、これが代表性ヒューリスティックの例と主張しています。心理学におけるヒューリスティックとは、人が複雑な問題解決等のために何らかの意思決定を行う際、暗黙のうちに用いている簡便な解法や法則のことを指します。これらは経験に基づくため、経験則と同義で扱われます。判断に至る時間は早いが、必ずしもそれが正しいわけではなく、判断結果に一定の偏り（バイアス）を含んでいることが多いのです。ヒューリスティックの使用によって生まれている認識上の偏りを、認知バイアスと呼びます。つまり、この騒音の実験では、実際の騒音ではなく、経験則で、バイアスのかかった誤った判断をしてしまっています。最後の幾分ましな騒音で、全体の判断を誤ってしまうのです。

　人の行動は、ある程度誘導できることが理解できたと思います。ビジネス倫理は、正しい価値観を持つことではじめて機能します。間違った方向に誘導してはいけません。間違った方向に誘導されないためにも、代表的な行動心理学の手法を学んでおくと、自分が誘導されていることに気が付くことができます。

3 ビジネス倫理を広げる

　ビジネス倫理は、1人で確立できるものではありません。周囲の人々と力を合わせることが必要になります。自らの価値観を高めて、ストレスをうまく発散し、常にベストの状態を作る参考になると思います。他の人との交流もうまくいきます。ビジネス倫理を企業内で共有するためには、ストレス発散法を学ぶのもよいことです。

　ケリー・マクゴニガル講演から、価値観を決めるための方法を紹介したいと思います。ストレスを発散する方法もとてもわかりやすく説明しています。そして、倫理観を高めて、コミュニティに受け入れやすい自分を作り、最善の状態に高めます。とても共感を持てる内容です。

(1) 自分を変える力

　「意志力」は選択する力です。価値観やゴールを検討し、決めていく力です。自分の中で相反する気持ちがあるのは当然のことです。その相反する自分の中で、直観による部分と論理的な考える部分と人の脳の判断する場所は異なります。直観は、苦痛を避け、最大限の快楽を求めるのです。一方、時間をかけて判断する脳は、目標や長期的な視点に立って判断を下します。この2つは、すべての人の中にあります。そして人格を形成しています。人は、すぐに快楽を感じる方を選んでしまいます。意志力は固定化されたものではありません。意志力は、呼吸という生物学的なプロセスで強化することもできますし、健康管理を強めるという身体的なプロセスで強化することもできます。意志力は、心理的なプロセスなので、社会的なシステムでも強化することが可能です。1人でやることではなく、共通

した認識のもとに、社会で意志力を強化することができるのです。いつからでも、誰でも始められます。

　一方、自分の価値観に照らして行動するという、別の考え方も持っています。常に、ベストの選択をしていないかもしれません。今、気持ちよければよい、今、ストレスを避けたい。ストレスを現に受けているときは、嫌なことは先に伸ばしたい誘惑に負けてしまうのです。難しいことを選択することができない自分になっています。人の体の中には、よりバランスの取れた優れた神経系統が機能している場合もあります。そういったときは、長期的な目標を考え、誘惑に打ち勝つことができます。集中力を高めて、困難に打ち勝とうとする力が発揮されます。

　前者の場合と、後者の場合では、全く異なる状態に私たちの身体がなっているのです。心臓や呼吸と関係があります。前者は、心臓がバクバク動き呼吸も速くなっています。後者の状態でベストの形であれば、心臓はゆっくりと鼓動し、呼吸もスムーズです。

　人の体は、ストレスと密接につながっています。意志力と関係があります。人格と体がベストの状態であることは無関係です。生まれついたときからの美徳とは無関係です。ベストの状態に持っていこうとするのであれば、自分自身の身体も良い状態に持っていかなければなりません。

　ベストの状態にするには、意志力が必要になります。そのエネルギーは、朝いちばん強く、時間とともに弱くなっていきます。朝は、一番モチベーションが高く、良い判断ができるのです。午後になると誘惑も増え、倫理的な判断力が弱くなってしまいます。ハーバード大学での実証事件で結果も出ています。ベストの状態を維持するにはエネルギーが必要です。脳のためにエネルギーがいるからです。

　リーダーは、他の人が諦めてしまうような場合でも、意志力を発揮できることがわかっています。難しいことをやり遂げるのがリーダーですが、その意志力がなくなってしまうことがままあります。「意志力の崩壊」です。

経営者、政治家、アスリート、アーティスト等のトップに立つ人たちが、たびたび見舞われます。意志力の発揮にたけている人たちでも、その意志力を使い切ってしまうのです。マラソンを走り切った後に倒れることに似ています。こういったときには間違った判断を下してしまうことがありますが、職場ではリーダーでも、家庭では全くそれができないことがあります。仕事ではベストを尽くせても、健康管理や人間関係ではそれができないこともよくあることです。常に意志力を発揮できる状態にするにはどうしたらよいのでしょう。

　意志力を発揮する方法は大きく分けて以下の3つがあります。意志力は持っている、持ってないではありません。人格や遺伝子でもありません。意志力はプロセスなのです。

① 生物的なプロセス：トレーニングやウイルパワーです。
② 心理的プロセス：脳を心理的なプロセスで守ることです。ゴールや自分の行動を考えることで、意志力は高まります。意志力の崩壊をさせないようにすることです。
③ 社会的プロセス：単純にベストを尽くす、よいことをするだけではありません。社会、コミュニティ、家族にたいする義務を負っており、相互に助け合うという側面も持っています。社会的な側面があり、お互いを助け合い、意志決定をしてゴールを目指します。

この3つのプロセスで、脳を鍛えていきます。

(2) 生物的プロセス

生物的なプロセスについて、いくつかの方法を紹介していきます。

❶ 呼吸法

ゆっくりと1分間に6回くらいで呼吸します。呼吸に集中すると、ストレスの多いときに、疲れたとき、やる気がなくなったときに、心を落ち着かせることができます。

❷ 運動

歩く、立つ、軽くエクササイズをすると、脳にいい影響を与えます。5分間の散歩でかまわないのです。感情を抑え、ストレス、怒り、心配を取り除くことができます。タバコやスィーツの誘惑にも勝てます。脳に良い影響を与えます。脳トレ、ビデオゲーム、コンピュータゲーム等でも集中力や記憶力を高めます。しかし、身体的なエクササイズの方が、効果は大きいのです。

❸ 睡眠

睡眠を十分にとることで、脳を休めることができます。睡眠不足は、脳を節約しようとして、意志力を弱めます。やるべきことを先延ばしにして、機械的なことだけをこなします。モチベーションが下がってしまいます。少しの昼寝や少し早く寝ることは効果があります。食事も大きく意志力に影響します。空腹ではベストを尽くせません。また、血糖値が上下してもだめです。脳がエネルギーを使おうとしないからです。

(3) 心理的プロセス

ここでは心理的プロセスについて、いくつか紹介していきます。

❶ 望む力

大切なことを覚えておこうとする力です。自分にとって一番大切なゴー

ルは何なのかを覚えておくことができる力です。誘惑を払いのけることができる力となります。人は、望む力が弱いと、短期的な希望を考えて、長期的な希望を考えないようです。

❷ やらない力

誘惑を拒絶する力で、意志力の重要な力です。一杯飲むことをやめる。タバコを止める。甘いものをやめる。何かをやらなければならないときに、必ず他にやりたいことが出てきます。その誘惑から逃れる力です。短期的には、これが欲しいけれども我慢しなければならないのです。

❸ やる力

やるという行動を起こす力です。難しいことをやり遂げる力、イエスという力、身体にはきついが行動に移す力です。モチベーションを維持しながら、やろうとする力を発揮するのです。

上記の望む力、やらない力、やる力をうまく合成することで、自分が何を望むのかがわかってきます。このプロセスを理解して、意識的に行動するのです。拒んでいるものは何なのか、近づくためには何をしたらよいのかがわかってきます。意志力のプロセスを一旦理解すると、その後の行動が大きく改善します。

やる力を強化するには、目標を定めたら、さらに中間目標を定めます。そして、その価値観に向けて一貫して行動します。大きなゴールだと始めることが難しくなります。まず、始めることが大切なのです。最終形がわからなくても、また、どうやって問題を解決するのかがわからなくても、時間がなくても、スタートすることが重要です。

例えば、自分自身に3分でメールを書きます。そのメールが第一歩になります。ゴールに近づくエクササイズになります。意志力は心理的なことです。ゴールに向かう小さなヒントを見つけやすくなります。そして、目

標を考えます。どんな人間になりたいのか、どう社会に貢献したいのかです。そしてその理由を考え、動機を考えます。その中で、どういった障害があるのか、抵抗をあるのかを考えます。気落ちさせるような事柄があれば、それを遠ざけるには何をしたらよいのかを考えます。

　最後に、途中で挫折することも考えます。意志の力には、失敗や挫折は付きものなので、そのことも考えます。最終的に成功するかしないかは、その挫折にどうやって取り組むかで決まります。誰しも挫折は付きものなのです。自分自身に失望したり、失敗を恥ずかしいと思ったりしてはいけません。この挫折が絶望につながってしまいます。そうなると、目標をあきらめ、再びチャレンジすることをあきらめてしまいます。成功には挫折が付きものだということを理解しておかなければなりません。成功した人たちは、失敗を話したがりません。成功した部分を話します。この失敗の存在を認識することが大切なのです。自分を許すことです。挫折が後で振り返ると、最終的なゴールに近づいている近道なのかもしれないのです。意志力も体力と同じく、鍛えることができるのです。

(4) モチベーション

　モチベーションには、効果的な動機と効果的でない動機があります。競合する自己の意思や相反する気持ちは人間なら誰でも持っています。毎日、自分の目標は何かを考えることは、とても重要です。そのときに考えることは次の3つです。

① マスターすること、つまり、心の底のある難しいことでも上手になるということです。

② 自分との社会的関係を考えること。なぜそれが自分にとって重要なのか。自分の信条や価値観と一致しているのか。難しいことを世の中のために行う。これが自分に幸福をもたらします。難しいことを

簡単にできるまで到達したい、到達するまで上達したい、という心です。これが、意志力のエネルギーにつながり、集中力となります。
③ 社会的つながり、社会的関係を持つということです。他人との関係をどう保つか、何が社会的貢献につながるのか、これを自分との関係で考えていきます。家族、会社、コミュニティに尽くすことが、社会全般に尽くすことにつながります。

(5) 感染する意志力

　失敗は許すことが大切です。許すことで、自分が何を目標にしていたかを見つめ直すことができます。また、社会的なプロセスを踏むことで、自己を強くするとともに、支えあうことが可能になります。コミュニティの拡大は、良いことでも悪いことでも起こります。コミュニティの一員がタバコを吸い始めると、自分も吸いたくなります。逆に健康に注意してタバコや酒を控えて運動を始めると、自分も運動したくなります。その人の周りのコミュニティに広がっていくものなのです。これは、一番親しい人から広がります。感情的な事柄も広がるのです。これも幸福感という良いことも、病的なうつ病等の悪いことにも当てはまります。そして、ネットワークを通じてどんどん広がります。
　協力関係やその他の価値観についても同様なことがいえます。倫理観でも同様なことが起こります。一人が倫理的な行動をとるようになると、つまり、人としてより良い行動をとろうとすると、コミュニティにその輪が広がっていきます。良い人の真似をしたくなり順々に広がっていくのです。意志力にも感染力があります。この変化は社会的なプロセスなのです。この社会的なプロセスをどうやって作ったらよいでしょうか。

意志力の事例 1　意志力と共有

　簡単なことですが、良い方向に意志力を向かわせ、結果をコミュニティで共有します。

　例えば、資源ごみの分別ダストボックス。この施設を設置すると、ごみの分別が進展し、リサイクルの意識がコミュニティに拡大します。逆に、路上にごみが無造作に捨てられていると、そのごみがごみを呼び、あっという間にゴミ捨て場に変わってしまいます。

　企業での事例を紹介します。グーグルにはお昼寝ポッドがあります。短い昼寝をすることで意志力を回復するものです。グーグルでは、オフィスや食堂にそういった身体を大切にして意志力を維持強化しようという試みから作られています。

　話は変わりますが、私が以前勤務していた銀行にも仮眠室がありました。人の健康を考えて、あえて会議室から椅子を取り除いて立ったままで会議をするところもあります。また、自分の席をなくして、コミュニティの拡大を目指している企業もあります。他にも、電気の無駄使いをなくすために、スイッチの上にカバーを付け無駄使いを避けるためのCO_2排出節約のステッカーを張る、階段の利用を促進するために、階段を上ることで可能となる1日の必要とする運動量を表示する等、簡単なことですが、コミュニティの活動を誘導する手段はたくさんあります。

第6章 まっすぐ生きる、幸福論

4 自信を持つ：「クリエイティブなものに対する自信を持とう」

　ビジネス倫理は、企業内の価値観を統一してしまうことではありません。正しいことをする価値観を設けることです。企業が成長していくには、積極的に、クリエイティブな発想を持つことが求められます。
　マーティン・セリグマンの講演から、「ポジティブ心理学」を紹介します。クリエイティブなものに対する自信を持つことが理解できます。

(1) 自信を持つ

　一度、同級生や周囲のものから作品を批判されると、自信を無くし自分にはクリエイティブな才能はないと決めつけてしまう。些細なことが、実はたくさんの人(主に子供)から、クリエイティブな才能をもぎ取っている。そういったケースのいかに多いことか。心に沁みついてしまい、二度とチャレンジしようとはしないのです。ビジネス倫理を間違った方向に考えてはいけません。画一的な発想を持つためのものではないのです。
　一度自信を失うと、型にはまっていない革新的なことに出会うと、逃げてしまうようになります。気の利いたウイットに富んだ発言ができないと、話すことをやめてしまうのです。
　例えば、バンデューラの恐怖症の克服は、蛇のいる部屋に行こうと誘います。細かいステップをいくつも踏むことで、徐々に蛇に慣れさせていきます。そして、最後は頑丈な手袋をして蛇に触れます。「案内付きの修得」とバンデューラはいっています。すると、自己効力感を持ちます。すべてに自信を持つようになるのです。つまり、やろうと思ったことは成し遂げ

ることができる、また、世界を変えることができると考えるのです。

同様な手法で、自信をなくして、クリエイティブな事柄から逃げていた人たちも、徐々に自信を取り戻し、自分にはクリエイティブな能力があると自信を持つようになります。

自信を持つ事例1　医療機器の工夫

体の中を調べることができる医療機器の MRI は、その稼動音が大きく、子供たちに恐怖感を与えます。そのため子供に MRI を使う検査をするときは、鎮静剤が必要となっていました。ある病院では、新たな発想を思いつきました。MRI 装置を海賊船に見立てて、ペイントを施し、これから海賊船のツアーを行う設定にして、騒音や継続した振動の話をしたのです。そのあとで検査を始めると、子供たちはその稼動音を楽しめるために、怖がりません。

人生で本当に大切なことを行おうとすることを手助けするには、自信を持つことを回復させることです。心の中の問題です。

倫理学は、心の学問なので、心を平静に保つ手法を知っておくととても役に立ちます。ビジネス倫理において、直接関係ない、心理学や行動経済学を紹介するのは、そのためです。

(2) 幸福論

倫理学を学んでいくと、幸福とは何だろうと考えると思います。お金でないことは間違いありませんが、多くの人を対象としたアンケート調査では、日本では、年収 500 万円以下、アメリカでは年収 6 万ドル以下では、生活が苦しく、幸福を感じる以前の問題で、お金の心配が先にくるようです。やはり、現実的には、最低限の生活レベルを確保しないと、幸福につ

いて悩むことはないようです。

　ビジネス倫理は、企業を正しい方向に導くものです。そのためには、従業員が正しい倫理観を保ち、同時に幸福を感じなければなりません。どんなときに人は、幸福を感じるのでしょうか。いろいろな考え方がありますし、感じ方も千差万別です。いくつかの例を見ながら、幸福とは何なのかを見つめてみたいと思います。

　ロバート・ビスワス・ディーナー教授（ポートランド州立大）の講演に以下のアンケート結果が紹介されていました。ここでは、あくまで、こういった考え方があるという事例として捉えてください。

　病院で、癌等で余命宣告された患者さんたちへのアンケートの結果は次の通りです。

① 自分に正直に生きればよかった。もっと勇気が欲しかった。
② あんなに働かなければよかった。もっと気楽に生活すればよかった。もっと遊べばよかった。もっと休暇を取ればよかった。
③ 勇気を持って、自分の気持ちを伝えればよかった。（家族、友人、恋人、好きだった人等）
④ 家族、友人等ともっと付き合い続けていればよかった。
⑤ 自分が幸せになることを、許せばよかった。

　なるほどと思うこともありますが、そうでない人もいると思います。自分の幸福を中心に考える人と、他人の幸福を優先する人では、根本的な考え方が異なります。それでも、多くの人が回答した結果なので、参考にしていいと思います。

　すべてに共通していえることは、人との関係について述べていることです。どの幸福論にもいえると思います。人との付き合いが、幸福を作り上げます。私たちの生活は、1人では成り立たないことは、わかりますが、幸福は人間関係の中で構築されていくのです。物やお金のことは出てきま

せん。

　大切な心の安らぐ人間関係は、家族、友人、恋人、地域社会、職場の順番になります。自分に無理をしないで、心が安らぎ、本音を相談できる順番のようです。世界の国々で、この順番は、ほとんど同じですが、重要度は文化や習慣によって、その程度は異なるようです。日本は、都心部で特に家族の関係が薄くなっています。自分の父母に会う頻度は、欧米では毎週が80%を超えますが、日本では50%を割ってしまいます。地域社会（近所）の人との交流も、日本の都心部はかなり少ないようです。田舎では大都市と異なり、まだまだ地域社会の相互依存の関係が残っています。この結び付きが、人に幸福感を与えます。また、誰でも感じることだと思いますが、相手に親切にしたときには幸せを感じると思います。ただし、煩わしさも感じるので、程度問題です。そこが難しいところです。

　統計学者のニック・マークスが、幸福を感じるときに大切な項目として以下の5項目を挙げています。

① **コネクト（connect）**：社会とのつながり、暮らしの中で、最も重要な基礎となる。エネルギーや時間を、最も愛する人たちとの間で使ってほしい。

② **アクティブ（active）**：悪い環境、雰囲気から抜け出す最善の方法は活動的になることで、ポジティブ発想につながる。音楽、ウォーキング、スポーツ等、方法はいくらでもある。ストレス発散とつながる。

③ **注意を払う（take notice）**：世界の動きや季節の変化、周囲の人の気持ち、自分の心の中に湧き出しえる気持ち等、様々なものに注意を払う。認知行動療法等の考え方と似ている。

④ **学ぶ（learning）**：学び続けることである。好奇心を持ち続ける。学ぶことは、料理、楽器等なんでもかまわない。

⑤ 　与える（give）：寛大さ、利他主義、脳の報酬メカニズムは、与えることでいい気持ちになれる。

　そして、特に資源を使わないで、長生きし、幸福感を感じている地域としてラテンアメリカンを挙げています。逆に、短命で厳しい生活を強いられている地域としてサハラ以南のアフリカ諸国を挙げています。エイズやエボラ出血熱等の病気もその一因ですが、相対的に幸福感が少ないようです。欧米諸国や日本は、寿命も長く生活は豊かです。しかし、大量の資源を消費しているようです。こういった寿命や消費といった視点も、幸福を考える上で大切な問題です。

　年齢によっても、幸福を感じる人の相対的な比率に差が出ます。欧米諸国は共通していて、幸福感は、20代、30代はおおむね良好です。それから、40代、50代と減少し、60代、70代に回復していきます。これは、若者はエネルギーに満ち、活動的で、自己確立の途上で夢があります。中年になると、夢がしぼみ、仕事中心の生活になり、子供や家庭の資金負担が増し、すべての収入を使えた20代の生活よりも苦しくなることも一因のようです。老齢になると無理なことはしなくなり、物事に寛容になります。また、日本は、老齢での幸福感が欧米諸国に比較して若干弱いようです。これは、老後の福祉政策の差のようです。幸福感は、年齢や社会制度にも影響を受けます。

　2002年にノーベル経済学賞を受賞した米国プリンストン大学の心理学者、ダニエル・カーネマン教授が面白い研究をしています。それによると感情的な幸福感は、年収7万5,000ドル（約900万円、平均年収は約6万ドル）までは、収入におおむね比例して増えますが、それを超えると比例しなくなり、相関がなくなります。これは、アメリカの世論調査会社ギャラップ社が45万人を対象に行った健康と福祉に関する調査の回答を、同教授が

分析した結果です。日本では年収600万円くらいから、相関が弱くなるようです。お金を持っていると幸福を感じるのは、生活レベルが中流を少し超えたあたりまでで、それ以上は収入以外に幸福を感じるようになります。日本の平均年収は、約500万円弱なので、国は違っても、状況は同じようです。

ハーバード大学のショーン・エイカー教授は、ポジティブ発想を第一に挙げています。人生をポジティブにとらえることで、ネガティブ発想に比較して、幸福感を高めることができるとしています。確かに、中国の故事に、「人間、万事塞翁が馬」（意味は、人生における幸不幸は予測しがたいということ。幸せが不幸に、不幸が幸せにいつ転じるかわからないのだから、安易に喜んだり悲しんだりするべきではないというたとえ）というのがありますが、悪いことがあっても、次に良いことが起こると、前向きに良い方向に考えるようにすると、悩みが軽くなる感じはします。大切な考え方だと思います。

整理してみると、自分の中の考え方次第だということです。自分の幸福感のレベルをなるべく下に持ってきて、小さなことでも幸福を感じるようにすることが、いつも幸福感を感じていられる近道です。一度に大きな幸福を得ようとしないで、小さな幸福を継続させる方が、結果的に幸福感が長く続き、幸福だなと実感できるのではないでしょうか。大切なことは、人とのつながりを常に感じられるように、自分を置くことです。そうすると、自分の存在感を感じ、幸福を感じます。いくつか例を挙げます。

① 人は、人とのつながりが、幸福を感じます。そのとき、一番成功しえている人と比較しないで、自分を中流と考えましょう。収入も中流と考えると、お金以外の幸福を感じやすくなります。

② 物よりも、経験をした方が幸福感は高いのです。旅行、コンサート等のイベント、おいしい食事といった体験は、家電製品や服装

を買うよりも多くの幸福をもたらしてくれます。人とのつながりが、同居しています。
③ 贅沢の頻度を下げること。いつも好きなことばかりでは、また、いつもおいしいものばかりを食べていてはありがたみが薄れます。生活のメリハリをつけた方が幸福に感じます。
④ クレジットカードやローンを組んで、後で払うと苦痛です。できるだけ、先に支払いを済ませましょう。旅行代金は先払いですが、旅への期待する気持ちが楽しめます。
⑤ そして他人にやさしくしたり、奉仕・投資したりすることで、社会的なつながりが生まれ、幸福度が増します。

　ビジネス倫理の話に戻りますが、企業内で従業員が幸福感を感じて、仕事ができることは最高なことです。そのためには、年収は平均よりも少し上を目指します。そして、何よりも大切なことは、人間関係をよくする手段を多用することだと思います。企業内の人間関係は、上司部下、同僚、取引先等との関係が中心になると思います。
　第一に、節度ある付き合いが継続できるシステムの構築作りです。それと、関係が大きく崩れる前に修復できるシステムやストレス解消の仕組みが内在しなければなりません。第二に、福利厚生を整備する必要があります。残業や休日出勤の抑制や休暇の取りやすい雰囲気が必要です。また、子育てや障害者を支援する仕組みも必要です。第三に、動機づけ（モチベーション）を上げるために、会社から必要とされていると感じる処遇や昇進（緩やかな昇進ポジションの設定）が必要です。
　幸福を感じるためには、お金だけではない、総合的な取り組みが大切になります。当然ですが、幸福感が高い職場には、良い人材が集まり、良い人材は会社を成長させます。

その他の有名な幸福論を紹介します。古典的なものですが、人間の気持ちはあまり変わるものではないので、大いに参考になります。興味があったら、詳しく調べてみましょう。

① アリストテレス：「ニコマコス倫理学」で、幸福とは快楽を得ることだけではなく、政治を実践し、または人間の霊魂の固有の形相である理性を発展させることです。幸福主義をとなえています。
② エピクテトス：「語録」で、己の力の及ぶものと及ばないものを識別し、自己抑制を持って生きることを説いています。
③ スピノザ：「エチカ」では、物事を永遠の相のもとで見ることが幸福（神に対する知的愛）への道です。
④ ショーペンハウエル：「幸福について」では、目先の環境に振り回されるのをやめ、すべては空しいと諦観することで精神的落ち着きを得るべきです。世俗的な幸福の源泉を人のあり方・人の有するもの・人の印象の与え方に大別した上で、肝心なのは「人のあり方」としています。
⑤ アラン：「幸福論」では、健全な身体によって心の平静を得ることを強調しています。すべての不運やつまらぬ物事に対して、上機嫌にふるまうことや、社会的礼節の重要性を説いています。
⑥ ラッセル：「幸福論」で、己の関心を外部に向け、活動的に生きることを勧めています。
⑦ ヒルティ：「幸福論」は、神のそば近くあることが永続的な幸福を約束するとする宗教的幸福論です。

「三大幸福論」とは、ヒルティの『幸福論』（1891年）、アランの『幸福論』（1925年）、ラッセルの『幸福論』（1930年）による3つの幸福論を指します。

第7章
まとめ
―― おわりにあたって ――

1 倫理観の創造

（1）異なる人種、文化、宗教、習慣を持つ人との付き合い方

多様性の尊重は、非常に重要です。異なる考え方（例えば、宗教、倫理観、文化等）の人が同じ社会で暮らすには、一定のルールが必要なのです。ビジネス倫理での例では、企業内のルールを定めています。例えば、イギリスやアメリカの企業では、国のガイドライン（法律や一般的習慣、規則等）に沿ってルールを作成し、運用しています。一見、差別に見える手法も一定のルールにはめることこそ、差別をなくすことにつながることもあるのです。

例えば、フランスでは法律で政教分離政策を掲げています。国民の中にイスラム教徒が約500万人（約7％）いますが、ブルカ（顔から全身を隠す服装）やキリスト教の十字架の着用を禁止しています。アメリカでは、人種別に州立大学の合格点が異なります。公営住宅の人種別の入居者比率が決められています。これらは差別ではなく、強制することで、無用なトラブルを回避したり、早期の融合を模索したりしているのです。

国によっても、対応は異なります。イギリスでは、宗教を学校で教えることは、全く問題なく行われています。日本でも、仏教系の学校やキリスト教系の学校は多数あり、各々が宗教教育を行っています。しかし、アメリカでは、中立性を維持することを重要視しています。

グローバル展開する大企業は、従業員の多様性（ダイバーシティ）を尊重しなければ、優秀な従業員を確保できませんし、各国の消費者に受け入れられません。海外市場への進出は成功しません。当然、商品は売れませんし、サービスは受け入れられません。ダイバーシティとは、国籍や信仰

は様々なものとして受け入れ、その特性を生かして仕事をしてもらった方が、企業にとって得策だからです。

　その中で、その宗教的習慣やそれぞれの慣習や文化をどこまで認めるか、それとも全面的に排除するかは、運用面の整備ということになります。この整備にも、既に例を示した通り、結論はありません。進出国の国情や地域特性にあったそれぞれのやり方はあり、それはすべて同じではありません。妥協点はどこなのでしょうか。例えば、イスラム教のサラート（1日5回の礼拝）は、日本人には特異に見えますが、イスラム教徒からすると当然の行為なので、イスラム教徒の多い国では珍しいものではありません。どこまで受け入れるかを決めて、受け入れ態勢を整える必要があるのです。

(2) 宗教倫理

　宗教は倫理観に多大な影響を与えています。宗教と倫理観が直結している場合もあります。日本は信教の自由が憲法で保証されています。宗教は教会（寺院）を中心とした道徳的な共同体といえます。思いやり、慈悲の心の中心です。ビジネスの世界では、宗教に関しては、直接触れることはありません。それでも、仕事をうまくこなしていくには、少なからず宗教についての知識を持っていた方が有利です。特に、イスラム教を信じる国々では、祈りの時間や食べ物等に注意を払う必要があります。他の宗教でも、キリスト教、仏教、ヒンズー教等には、数々の教派（宗派）があり、詳しくは宗教倫理も異なります。今後、グローバルな経営にさらに進出してく場合は、宗教を理解し、相手の気持ちになって考えるくらいの気持ちが必要になります。

　イスラム教徒は困っていると思いますが、イスラム過激派のテロ行為が多発しています。宗教の問題と異なりますが、正面から向きあっていかねばならない問題と考えます。宗教は、昔から国を作り、戦争の原因になっ

たときもあります。一方で、人々の心を癒し、正しい倫理に導いてくれます。その本質を学ぶ機会を作り、正確な理解のもとで、解決策を模索する必要があります。ビジネス倫理でも、避けることなく、正確な倫理観を持たないと、予期しない事件に巻き込まれる可能性もあります。

(3) 環境倫理

　物事を評価するときの判断基準を、まず環境基準に置く倫理のことです。環境保全を約束する環境にやさしい商品は、優良企業の経営戦略で大切な位置を占めます。トヨタ自動車の水素エンジンや低燃費車等は、環境にやさしい企業の証です。また、リサイクルに力をいれ、廃棄物を出さない商品開発も経営マネジメントの常識になっています。環境を保全し、住みやすい地球を維持することが、持続的経済成長の絶対条件になっています。また、環境保全そのものをビジネスにすることも盛んになっています。

　環境問題は、コスト面と相反する問題になることも多く、倫理上の問題と重なることがあります。迷わず環境保全を優先する倫理観を身に付けましょう。

　原油価格の上下により（特に下落傾向にあるとき）、環境保全への取り組みが、どうしても後手に回ります。再生可能エネルギーのコストを化石燃料が大きく下回ると、環境への投資を抑制する傾向にあるのです。経済原理としては当然のことなのですが、ここで倫理観と先見の目が必要になります。将来を見抜いた経営です。

(4) 生命倫理

　命に関する物事の良し悪しを決定する倫理です。生命に関わる商品を直接扱う企業もたくさんあります。製薬会社、医療機器製造会社、病院、介

護施設、食品会社等です。医療技術の進歩はすさまじく、クローン技術、遺伝子組み換え技術、再生医療等、企業が関わる分野も多岐に亘っています。医療に関わる倫理観は、代理母、臓器移植、生命の誕生等、宗教の倫理観と重なり、とても難しい問題になることがあります。解答がない分野もたくさんあります。ビジネス倫理との整合も注意が必要です。

「命の授業」

高校の一部で行われている授業です。高校生が、鶏の卵を受精卵から、ヒヨコにかえし、3か月間世話をしながら育てます。立派な若鳥になった段階で、殺して食べてしまう授業です。当然、ヒヨコから大きくするので、ペットのように愛情がわきます。また、鶏もなつきます。それでも、食べることで、命の大切さを学ぶ体験型の授業です。動画サイトのユーチューブで紹介されているので、興味がある人は見てください。きっと感動します。

この授業スタイルには、賛否両論があります。それでも命の大切さを、身を持って体験できるとても前向きな授業だと思います。一昔前は、命の誕生や死を目の当たりにする機会はたくさんありました。その中で、正しい倫理や道徳を学ぶことができたと思います。当たり前だったことが、今はなかなか遠い出来事です。鶏肉は、スーパーでパックに入って売られています。その背後にある、命について、考えることは通常ありません。

(5) 政治倫理

政治と倫理の問題は、ひとつ間違えると贈賄罪に問われるような大きな問題になります。一方で、政治とビジネスがつながることで、大きな成果を上げている国もあります。タブー視しないで、正しい倫理観のもと、政治の倫理と協調していくことが大切です。過去には、政治家が絡んだ大き

な倫理上の問題が起きています。政治資金の提供と、その見返りの工事、補助金の支給等、お金の流れを明確にし、疑われる行為はしないことです。

(6) 消費者倫理

　今後、ますます消費者の倫理は、大切になってきます。倫理のレベルが上がると、環境保全に努力している企業の商品は、他社よりも少しだけ高いけれどもその商品を選択します。安価な輸入品は、その生産国で子供が低賃金で働かされているかもしれません。フェア・トレードの精神で、生産国の利益をしっかりと確保できる取引が、長い目で見て相互に利益が出ることになります。特に、生産国が発展途上国や最貧国の部類に入るときには、先進諸国が注意すべきです。消費者は、そういった商品を選択する倫理観を持つでしょう。様々な要素を比べながら、倫理観を持った選択ができる消費者倫理が育ってきています。企業も、消費者倫理に合った、商品を供給しなければなりません。

　最近は、消費者は、食の安全に敏感です。安いだけではだめなので、原材料の生産国や生産した時期についても確認しています。ビジネス倫理を構築するには、消費者倫理に合わせた倫理観を持つ必要があるのです。

2 これからのビジネス倫理の方向と課題

　創造を重視する倫理は、政治にも関係してしまいますが、国をまたいだ倫理観の改革が必要です。既にヨーロッパの国々は、EUを組織し、一段階上の精神状態に発展しています。第二次世界大戦前までは、戦争に明け暮れていた国々が、経済的に結びつくことで、様々な難題を協力して解決しています。既存の価値観や倫理観を変更することは、ものすごく難しく、挑戦的な行為です。しかし、少なくとも一企業内での倫理観を一定レベルに上げることは、絶対に必要なのです。政治的な問題や宗教的な問題が絡むと、すべてが膠着状態になるので、思い切って切り離して前に進むことを考える時期だと思います。グローバルな発想で社内にスタートした倫理観の改革が、所属企業に関係なく通じるようにしていきたいものです。信頼関係を強固なものにし、誠実な対応をすることは、国内外を問わず非常に大事な状況になっています。

　最後に全体を整理したいと思います。まず初めに、ビジネス倫理の大切さを構築するための手法を考えました。次に、古代から賢人たちが築き上げた倫理とは何かを、非常に簡単にですが、振り返りました。その中に、正しい価値観・倫理観を求め、正義とは何かを考えることができたと思います。そして、企業が永続するためには、利益を計上しなければなりません。その利益とビジネス倫理を確立するためのコストをどう捉えるかを考えてみました。そして、倫理には正確な解答はないのですが、様々な事例を調べることで、間違いを繰り返してしまうことを予防することができます。その中で、倫理学は心の問題を捉えることだと気が付いたと思います。
　そうすると、その次に問題になるのは、心の問題です。どうすると間違っ

た方向に誘導されてしまうのか。また、どうするとモチベーション（動機づけ）が上がり、幸福を感じるのか。ビジネス倫理とは少し離れますが、簡単にですが触れてきました。従業員の生活を安定させ、幸福感を感じさせることが安定化で一番必要なことです。そして最後に、ビジネス倫理を改革しなければならない時期に来ていることを書きました。

　ビジネス倫理が正しく定着している会社は、トラブルから守るシステムが機能していることになります。インターネットの普及で情報のコストが飛躍的に安価になり、一方で情報の良し悪しに関わらず、一気に拡散してしまいます。些細なことが、大きな社会問題になってしまうのです。このビジネス倫理を定着するための倫理行動規範システムの重要性が理解できると思います。

あとがき

　ビジネス倫理は、道徳面だけではありません。企業の営業面や収益に対する価値観も、ビジネス倫理として、新しい価値観を定着させることで大きく変わります。経済産業省から平成26年8月に「持続的成長への競争力とインセンティブ～企業と投資家との望ましい関係構築～」プロジェクトの最終報告書が公表されました。いわゆる「伊藤レポート」です。要点は、ROE（自己資本利益率）を欧米企業の標準値に近づくように8%以上をめざし、価値創造企業に転換することを求めています。インターネットで公表されているので、詳細はそちらに譲ります。ここでは、ビジネス倫理との関係から考えていくと、企業の経営者、投資家、従業員の持つ、「利益に対する価値観」を根本から改めていこうということです。利益の適正水準を根本的に見直し、欧米並みの利益を確保できれば、現在の資本で約2倍の利益を上げることができます。薄利多売を止めて、適正利益を得ることは、必要なことです。問題は、組織的に運営し、定着させることです。そのためには、東京証券取引所等の市場運営や証券を分析する証券アナリストのROEに対する意見が同じ方向を向かなければなりません。数値目標で実現する計画です。日本企業の将来を考えると、企業経営者は厳しい経営を迫られますが、画期的な取り組みだと思います。

　営業面でもビジネス倫理が有効です。単純な営業でなく、付加価値を付けた営業を取り入れることです。代表的な例は、コンサルタントができる営業です。例えば、センサーを扱うK社は、単純にセンサーを販売することはしません。営業担当は、企業の工場を観察し、センサーの選択や取り付ける位置を指導し、その効果を具体的に説明します。生産効率を上げることで、センサーに高付加価値を付けることに成功しています。また、

部品を販売する企業の多くは、大量生産され中国製の価格の安い市場での直接の競合を避けて、研究開発レベルや、試作品段階のニーズをいち早くキャッチし、その少量ながら技術が必要な分野への営業を強化しています。ライバル他社と競合することなく、製品の価値に見合った収益を確保することができます。これらの営業を行うためには、従業員の価値観を企業戦略に適合するレベルに向上させなければいけません。価格面での営業も大切ですが、価格以外の価値観を持たせることで、企業の成長につながります。利益を上げることは、悪いことではありません。日本の利益率は、欧米諸国の企業に比較して相対的に低いので、適正な利益を得るための価値観を、ビジネス倫理に内蔵する形で、定着させる試みも必要と考えます。

参考文献

産業能率大学　テキスト「ビジネス倫理とは何か」		産業能率大学発行
産業能率大学　テキスト「ビジネス倫理の基本知識」		産業能率大学発行

「世界の哲学・思想」	小須田 健	日本文芸社
「ビジネスの倫理学」	梅津光弘	丸善出版
「ビジネス倫理　10のステップ」	トーン・マリー・ドリスコル	ダイヤモンド社
「これから「正義」の話をしよう」	マイケル・サンデル	早川書房
「ハーバード白熱教室 講義録＋東大特別授業」	マイケル・サンデル	早川書房
「予想通りに不合理」	ダン・アリエリー	早川書房
「ハーバードで学ぶ企業倫理」	リン・シャープ・ペイン	慶應義塾大学出版会
「倫理学案内 - 理論と課題」	小松光彦、樽井正義、谷 寿美	慶應義塾大学出版会
「理性の限界」	高橋昌一郎	講談社現代新書
「哲学ディベート」	高橋昌一郎	日本放送出版協会
「現代心理学」(1)(2)(3)	P.G. ジンバルドー	サイエンス社
「ポジティブ心理学の挑戦」"幸福"から "持続的幸福"へ	マーティン・セリグマン	ディスカバー トゥエンティワン
「幸福優位7つの法則　仕事も人生も 充実させるハーバード式最新成功理論」	ショーン・エイカー	徳間書店
「幸せのメカニズム　実践・幸福学入門 （講談社現代新書）新書」	前野隆司	講談社
「ファスト＆スロー（上・下） あなたの意思はどのように決まるか？」 （ハヤカワ・ノンフィクション文庫）	ダニエル・カーネマン	早川書房

「勇気」の科学 〜一歩踏み出すための集中講義〜	ロバート・ビスワス＝ ディーナー	大和書房
「いまの時代技術者の倫理」	堀田源治	JIPM ソリューション
「哲学の本」	秦野　勝	西東社
「哲学がわかる本」	竹田青嗣	楽天 book
「複雑系社会の倫理学」	小林道憲	楽天 book
「環境の世紀をどう生きるか」	青木克仁	大学教育出版
「世界を変えた哲学者たち」	堀川　哲	角川ソフィア文庫
「歴史を動かした哲学者たち」	堀川　哲	角川ソフィア文庫
「ついていきたいと思われる リーダーになる 51 の考え方」	岩田松雄	サンマーク出版

「NHK」テレビ番組

番組タイトル：スーパープレゼンテーション「統計学者が語る　世界一幸せな国とは？」
　　　　　　　ステレオ　再放送，チャンネル：E テレ
放　送　日　時：2014 年 10 月 20 日（月）
　　　　　　　午前 0：45 〜午前 1：10［日曜深夜］（25 分）

索　引

■ あ行 ■

アウグスティヌス　186
アリストテレス　42・182
アンカリング効果　235
イギリス経験論　194
意思疎通　100
いじめ問題　212
一貫した倫理基準　86
命の価値観　42
ウィンザー効果　26
ヴェブレン効果　27
オウム真理教事件　67

■ か行 ■

回避動機　14
確証バイアス　23
カクテルパーティー効果　26
価値観　35
カリギュラ効果　27
ガリレオ・ガリレイ　192
カルト集団　63
監査　132
カント　42・200
希少性　66
希少性の法則　26
期待理論　17
気分一致効果　25
教育研修　104

近代哲学　193
群集効果　215
群衆行動　215
経済秩序　142
刑而上学　183
決定回避の法則　27
権威への服従原理　28
現状維持の法則　27
現状認識　73
権力動機　13
構造主義　199
行動・非行動の法則　239
行動経済学　23
行動ファイナンス　23
幸福論　252
功利主義　197
コンコルド効果　232
コンティンジェンシー理論　145・150

■ さ行 ■

財の価値観　47
サルトル　205
参加型リーダーシップ　18
ジェレミー・ベンサム　42
支援型リーダーシップ　18
支援制度　127
自己評価　74
指示型リーダーシップ　18

271

自制心と報酬の代替　60
社会的証明の原理　24
自由主義　198
囚人のジレンマ　222
集団心理　210
集団的無知　66
周知徹底　81
商慣習　142
ショーペンハウアー　204
初頭効果　24
新近効果　24
人種差別問題　54
親和動機　14
政治体制　142
セクシャル・ハラスメント　220
選好逆転　229
選択回避の法則　240
先入観　66
洗脳のパターン　65
ソーシャル・ハラスメント　221
ソクラテス　180

■ た行 ■

大陸合理論　195
達成志向型リーダーシップ　18
達成動機　13
単純接触効果　25
中世キリスト教哲学　184
ディドロ効果　28
デカルト　195
適合性原則　39
伝統文化　142

ドイツ観念論　197
動機づけ　11
動機づけ衛生理論　12・149
動機づけ理論　12
同調現象　24

■ な・は行 ■

ニーチェ　205
ハーズバーグ　12・149
バーナム効果　26
パス・ゴール理論　17
パスカル　196
パトリシア・ハースト事件　66
ハロー効果　23
パワー・ハラスメント　220
バンドワゴン効果　25
販売ノルマ　39
反復練習　130
ピーク・エンドの法則　241
ビジネス倫理の定義　34
評価　135
ファシリテーション　122
フェアトレード　8
フォールス・コンセンサス　28
プラトン　181
ブレインストーミング　121
フレーミング理論　227
プロスペクト理論　224
プロパガンダ　218
ヘーゲル　204
返報性　66
返報性の原理　28

ボエティウス	*186*		モチベーション理論	*12*
保有効果	*234*		モラリスト	*196*
			モラル・パニック	*210*

■ ま行 ■

マインドコントロール	*65*
マクレガー	*12*
マグレガー	*149*
マクレランド	*13*
マクロ組織論	*145*
マズロー	*12・148*
マタニティ・ハラスメント	*220*
マルクス主義	*197*
ミクロ組織論	*147*
メールの規制	*38*
目標設定理論	*15*
モチベーション	*11*

■ や・ら行 ■

欲求階層理論	*12・148*
欲求理論	*13*
ライプニッツ	*195*
リーダーシップ	*11*
倫理行動規範の策定	*86*
ルネサンス	*191*
ロック	*194*

■ 英字 ■

X・Y理論	*12・149*

著者略歴

齊藤　聡（さいとう　さとし）

慶應義塾大学経済学部卒業。東海銀行（現・三菱東京UFJ銀行）に入行し、各種銀行業務を担当。

その間、名城大学大学院法学研究科、名古屋学院大学大学院経済経営研究科、東京大学大学院法学政治学研究科修了。

2002年より産業能率大学に勤務、現在、同大学経営学部教授。

税理士、証券アナリスト、FP1級。

東海銀行員時代に店舗の新規開設準備、ベンチャー企業への起業のための支援と投資、法律トラブルの解決、住宅ローンシステムの設計等の仕事に従事。その後、産業能率大学に奉職した後も、銀行員時代の経験、財務・税務のプロの視点、法律家としての行動規範から、経済・環境の変化に敏感に反応する企業の行動原理や人を大事にする姿勢を取る。

現在は、数多くの企業と関わることで学んだ現場の知識と学術的な研究によって得た知識を融合させ、学生にとっても分かり易く、興味の持てる授業を展開している。

著書として、「社会人のための法律入門（産業能率大学出版部）」（2011年）「現代企業にみる日本経済（産業能率大学出版部）」（2012年）「超起業読本（産業能率大学出版部）」（2013年）」がある。

働く人が知っておきたい　ビジネス倫理　〈検印廃止〉

著　者　齊藤　聡
発行者　飯島　聡也
発行所　産業能率大学出版部
　　　　東京都世田谷区等々力6-39-15　〒158-8630
　　　　（電話）03（6432）2536
　　　　（FAX）03（6432）2537
　　　　（振替口座）00100-2-112912

2015年 3 月31日　初版1 刷発行
2017年12月20日　　　3刷発行

印刷所　渡辺印刷　制本所　渡辺印刷

（落丁・乱丁はお取り替えいたします）　　ISBN 978-4-382-05721-0
無断転載禁止